法律学習入門

プレゼンテーション対応型

小野秀誠 著

信山社

Shinzansha

は じ め に

　本書は，初心者を対象として，判例を素材に民法学習の基礎，とくに方法を読み解くものです。本書に引用した裁判例は，自分で事実や判旨をまとめてもらうことを前提にしているので，最低限に短縮しています。記載したものは，自習の時に軽く読みとばすためですから，受講生がゼミなどで報告したりレジメを作るときには，とくに事実について，自分で調べて，詳細を付け加えることを前提としています。また，判旨に関連する細かな評価や解説は，ほぼ省略してあります。引用したものは，どれも著名な裁判例ばかりですから，どこのテキストにも解説があり，また，これに立ち入ると，脇道にそれるおそれがあるからです（該当する裁判例については，民法判例百選・8版の番号を付しました）。

　また，本書では，民法は素材にすぎないので，民法を体系的に網羅することを予定していません。分野としてはかなり片寄りがあります。初学者が興味をもちそうなこと，わかりやすいこと，あるいは比較して説明するための素材（民録と民集の違いなど）を基準に選択しているからです。学習の基礎や方法は，修得すれば，他の分野にも応用できますから，素材そのものは必ずしも網羅的である必要はない，と考えます。

　おおむね受講生が予習してきて，ゼミの時に，指定された裁判例をまとめたり（事実，判旨，その意義や法律上の問題点），質疑することを予定しています。予習の際に，受講生は，あらかじめペーパーにまとめを作文しておくと効果的です。むしろ，その程度の予習をしないと，答えるのに不便です。効果的な回答は，他の受講生に

i

とって参考にもなります。

これまで種々のテキストを使用して，最初の数回は，ゼミの心構えや基本概念を中心とし，まとめと質疑をしてきました。基本の修得のあとの回は，著名な裁判例を用いてきました。本書では，これらの流れに相当するものを1冊にまとめました。事実から考えてもらうことにしているので，主体は裁判例であり，自分で考えてもらうことを念頭においています。

ゼミの改善については，同僚の木藤茂，石井保雄の両教授，成城大学の山本弘明准教授に，種々お教えをいただきました。山本准教授には，校正刷りをみていただき，また，信山社の渡辺左近氏には，小見出しの設定やわかりやすい表現に関して，たいへんなご苦労をしていただきました。記してお礼申しあげる次第です。

現在，2017年（債権法）改正法は2020年の施行前ですが，本書では，改正法と対比して，現行法を「旧法」としています。

なお，本書では，いくつか資料を付してあります。授業の際の配布資料に付加したものです。

資料1は，判例等の引用の仕方です。ゼミのレジメ，卒論などで，よくみうけられる誤った実例を示したものです。

資料2は，利息の計算の初歩です。オープンキャンパスや高校の出前授業などで用いる簡単なもので，中学生でもできる少数の計算です。消費者教育に必要な最低限の知識です。

資料3は，とくに，大審院の判決文によくみられる難語，難字です。著名な判決（宇奈月温泉事件や信玄公旗掛松事件など）も，文語かたかな書きのものが多いので，参考にして下さい。

2018年12月

小野秀誠

目　次

第 1 講　授業の前に………………………………………………… 1

第 2 講　法律と常識，六法…………………………………………13

第 3 講　民法のでき方と体系………………………………………22

第 4 講　法律のでき方………………………………………………39

第 5 講　判例の意味と調べ方，読み方……………………………49

第 6 講　紛らわしい法律用語………………………………………66

第 7 講　理論と実用性………………………………………………73

第 8 講　法律用語のあいまいなこと………………………………78

第 9 講　法律に書いていないこと，法と現実のズレ……………84

第 10 講　連合部と大法廷……………………………………………101

第 11 講　裏側から書いてあること，解釈…………………………107

第 12 講　条文に書いていないこと，書いてあること …………115

第 13 講　非公式の判例集，法律新聞………………………………124

第 14 講　判例変更……………………………………………………128

第 15 講　将来のこと…………………………………………………134

第 16 講　補遺―演習用裁判例………………………………………142

第 17 講　補遺―哲学的・文学的な話………………………………151

第 18 講　補遺―倫理，教養と法律学………………………………161

資料 1　判例の引用・検索の方法…………………………………169

資料 2　利息制限法と利息の計算方法……………………………175

資料 3　難語，難字…………………………………………… 177

iii

第1講　授業の前に

1　はじめに

スタートは皆同じ　法律学は，高校までの学習とは一番疎遠な学問です。高校の政経倫社や現代社会の授業では，憲法の話が一部出てきたと思います。最近では，消費者教育で法律を学ぶところもありますが，そう詳しくは勉強したことがない人が大半でしょう。刑法は，ニュースにもよく登場しますが，これも他人ごとなので，あまり注意したことはないでしょう。民法や商法の話は，おそらく初めて聞く人が多いでしょう。こうした意味で，法律は，大学の新入生にとって，もっともとっつきにくい分野です。かえって，苦手としていた文学や英語，歴史，数学，物理，化学などの方が具体的にイメージしやすいかもしれません。

つまり，すべての者が，ひとしくスタートラインに立っています。苦手意識をもつ必要はありません。差がつくとすれば，入学以降の勉強の仕方と熱意によります。必要なのは，手を抜かないことです。受講生が苦手とする手間のかかる作業もしてもらいます。最初は苦しいけれども，やっているうちに楽しくなることは，種々の経験にもあるでしょう。

ニュースを集める　法律は，実社会に関わっているので，ぜひ日々のニュースにも注意してください。刑事事件であれば毎日のように登場しますし，詐欺商法のような経済事件のニュースもよく取り上げられます。気をつけて，新聞を切り抜くなり，インターネットでもいいので，ニュースを収集しておいてください。積極的に関心をもつことが必要です。法律は実学であり，人生を知る

第1講　授業の前に

必要があります。いずれ授業でも，話題を提供してもらいます。気をつけていて，身近な契約書なり，記事なりを各自で集めておいてください。

**世界的な
競争時代**　皆さんの親の世代には，大学はレジャーランドとか就職前のモラトリアム時期ともいわれていました。卒業生の一部には，遊んでいたことを誇るような風潮もあったのですが，今日は，そうではありません。教育は世界的な競争時代に入っています。ドイツでは大学入学者の半分，フランスでは3分の2が，中途で脱落するといわれます。アメリカも，大学により差は激しいのですが，同様です。俗に，大学の最初の授業は，脱落者の選別であり，大学に来るべきではない学生を排除することを中心的な役割とするとさえいわれています。日本も，明治の初めの頃の卒業要件は厳格でした（免許皆伝の思想）。トコロテン式になったのは，明治も半ば以降です。

　現在は，日本でも，大学教育の実質化（予習，復習をさせる。一方的な授業ではなく，学生の応答をみながら，対話型の授業をする，ソクラティックといわれる。出席だけでは評価されない）が課題となっており，きちんと出席して応答することが期待されています。かつての世代と同じ気になっては，卒業も期待できないでしょう。

2　講義と演習の違い，出席

**大学の授
業の特徴**　まず，大学の授業についてふれておきましょう。高校までの授業は，基本的に，教科書を見ながら先生の話を聞いてノートをとるスタイルでした。大学でも，大講義室の授業は，このスタイルです。しかし，大学には，もう1つ別のスタイルである演習とかゼミといわれるものがあります。こちらは，少人数

教育です。大講義室の講義と演習は，たんに人数が違うというだけではありません。目的とするところが異なります。

　大学の授業も，基本的には人の説明をきいて，ノートをとるところです。積極的に，学問の知識と技を吸収する場です。しかし，高校までとまったく同じというわけではありません。授業と同じことが教科書に書いてあると思ったら，大間違いです。教科書があるから，重複してノートをとる必要はないという人がいますが，それなら授業に出る必要もありません。頁数をかせぐだけなら，家で教科書を読む方が効率的でしょう。授業では，教科書に書いていないことも話します。それもたんにかみくだいて話すというだけではなく，教科書に当然のものとして，あるいは整然と書いてあることに，じつはかなり不安定な部分があることや，教科書に書いてある体系はごく最近できたものであるとか，論理的・体系的な順序とは異なることなどを話します。裏話といってもいいでしょう。高校までの教科書とは異なり，社会には，かなりあいまいなものが多いことを知る必要があります。

　講義と　授業は，人の説明をきいて，ノートをとる訓練にもなり
　演習　ます。これは，まだ法学に興味がもてない人にも実感してもらいたいことです。積極的に，この技を学んでもらいたいと思います。法律は，この技の訓練に適するので，社会に出るための訓練にもなります。法学部はつぶしがきくというのは，この意味です。顧客の注文を聞いて，これに応じる能力をつけるのと共通します。

　これに対し，演習では，人に説明して，自分の意見を述べる訓練をします。法律の演習が法律の勉強であることは当然ですが，同時に，これはプレゼンテーションの練習にもなっています。どういう準備をしてきて，報告をし，場合によっては，他人の意見を引き出

して，自分の意見を述べるか，他人を説得できるか，などを学びます。出席しても，下を向いて黙っているだけでは，授業に参加したことにはなりません。

就職時になると，現在ではコミュニケーション能力が重視されていることに気がつきます。そこで，4年生で，面接試験やプレゼンテーションの練習をさせてくれといってくる人がいますが，1年生の時から，じつはその機会はいくらでもあったわけです。グループ討論やグループに対して質問をする形式の演習は，そのままグループ面接になっているといってもいいでしょう。何を調べて，どう発表して，どう人の意見を引き出して，自分の意見を述べるか，これは，法律の場合に限りません。会社のプレゼンテーション，就活の面接でも同じです。

**具体例への　　**講義と演習には，法律の勉強の面でも，各々別の目
**あてはめ　　**的があります。慣れている英語の勉強を例にすると，わかりやすいでしょう。英語は，文法だけをならっても，作文，会話を勉強しないと実際には使えません。

法律用語を学んだだけだと，法律は必ずしも実用的になっていません。用語だけで運用することはできません。法律の設例や判例をみても，自分のもっている知識と関連づけできない人がいます。暗記試験なら用語だけ知っていれば足りても，それだけでは，法を知っていることにはなりません。英語が使えない場合と同じです。具体例にあてはめて適用を考えるには，演習が一番です。その場合に，他の人との適用の仕方が違うということもわかるでしょう。

法律は暗記科目ではありません。法律学を専攻しているというと，「六法をみな覚えているのですか」といわれることがありますが，六法は，どこに必要な条文があるのかを探せば足りるのです。

2 講義と演習の違い，出席

**自分の問題
へ引きつける**　また，できるだけ，自分の問題に引きつけて考え
てもらいたいと思います。たとえば，安全配慮義
務（第16講②）であれば，ブラック企業に就職したら，どう使える
かというように考えれば，より興味もわくでしょう。他人ごとで聞
くなら，関心がなくても，自分のことなら，必死になれるでしょう
し，意見もいえるはずです。興味のもてない対象から目をそむける
のではなく，興味，関心を探してください。最初からおもしろいこ
とは，そう多くはありません。

なんとなく自分とは関係ないんだと，自分の周りに壁を立てて，
逃げたり，目をそむけると，しだいに自分で考えることができなく
なります。傍観者になると，自発的に問題を認識しなくなり，知識
も整理できません。多面的に配慮することがないと，たんなる便宜
のために，出来合いの情報に盲従する危険があります。学問に王道
なしといわれるように，マニュアルを求めるのは間違いです。楽に
勉強したいということは，専門性を身につけることと両立しません。
最近は，企業も専門性や即戦力を求めています。

たとえば，テレビを見ていても，要点をほとんど覚えていないの
は，他人ごと，受け身で情報をえているからです。教室における授
業も基本的に変わりません。怖いことには，この種の受け身の方法
はわかったつもりになりがちです。しかし，実際には身についてい
ることは少なく，答案にもほとんど書き出せないことになります。

**出席の
意味**　ゼミ・演習では，主体的努力が必要になることから，出
欠をとります（3回欠席すれば単位は出ません）。出席も，
ただ出ればいいのではなく，主体的に関わる必要があります。下を
向いて隠れていることはできません。また，3年生と4年生が対象
のゼミでは学年が異なることを心配する人がいますが，心配する必

5

第1講　授業の前に

要はありません。大学生にもなれば，2，3年の違いは少なく，どの程度自律的に勉強しているかの差の方が大きいでしょう。

3　授業中にパソコン，スマホは，切っておくこと

自分の意見を作るべし　授業，とくにゼミの中で教師が質問するのは，学生個人の意見を聞いたり，知識を確かめるためであって，インターネット上の意見を聞いたり，手助けの方法を学ぶためではありません。最近は，教室でも，電源がありインターネットも接続できます。教室で質問をすると，ものすごい勢いでスマホやキーボードに向かう人がいます。かつて，ロースクールの授業で，授業は，意見を聞いたり議論するところであって，インターネットの引き方を覚えるところではない，という話をしたことがあります。学部の授業でも同じです。自分で考えましょう。

　教師が確認したいのは，インターネット上の怪しげな情報や意見ではなく，前回やったことを覚えているか，今日の下読みをしているか，設問に対する自分の意見はどうか，などです。きちんと予習してこなくて，質問すると，その場で，インターネットで答えだけ探す人がいます。他人に意見を出してもらっても意味はありません。多少稚拙でも，自分で考えることに意味があります。いつもこうして他人の意見を聞いていると，しまいには自分で考えられなくなります。当然，試験の時は，通信機能のついたパソコンやスマホの持ち込みはできません。

信頼できる資料に直接あたるべし　インターネットの話に関連して注意しておきます。

　インターネットで調べたことは，自分で調べたことではありません。混同するのは，大きな間違いです。検索して並べても，それは

3 授業中にパソコン，スマホは，切っておくこと

他人の成果や意見をただもってくるだけのことです。

　また，注意するべきことですが，インターネットの情報の大半は価値がありません。大学レベルで価値があるのは，大学や研究機関，官公庁のホームページであり，それらの機関が作成した統計や報告書の類で，かつ責任の所在が明確なものだけです。それも，できるだけ紙情報で確認できるものが，望ましいのです（しだいに紙媒体が減少していますが，それと同等の責任あるもの）。インターネットの情報の大半は，内容も所在も不確実で，いつの間にか消えていることもあります。確実な情報以外は，基本的には，ごみのかたまりだと思う必要があります。華やかなホームページの体裁に騙されてはいけません。まとめサイトなどは，著作権の侵害記事に満ちています。責任なくして，信頼性はありません。最初の手がかりにするのは可能ですが，最後は，信頼できる資料に直接あたって確認する必要があります。そういう点からも，図書館は重要です。図書館にいくのをいやがる人がいます。家に居てデータベースを探るのは楽ですが，今日でも，信頼できる資料の大半は，図書館にあります。

パソコン検索は　さすがに，スマホだとそんな誤解はないのです
ただの娯楽　　　が，パソコンをいじっていると，一見すると勉強しているようにみえます。しかし，自分で考えなければ，ただの検索です。しかも，紙の辞書をひく場合とは異なります。インターネットの検索は，検索機能（AIや他人）の手助けをうけているので，自分の検索ではありません。ゲームでなければ，勉強だと思っている人がいますが，実際は娯楽にすぎません。

　パソコンには，いろいろと危険がつきまとっており，文書作成の時にも危険があります。ゼミの発表で，活字の大きさなどデザインばかりに精力をつぎ込む人がいます。ゼミに限らず，発表では，つ

7

ねに内容が重要です。形式は，内容を備えた後で十分です。まして，活字を大きくすれば，書く量が減るなどという思惑は論外でしょう。

4 やさしく説明することの必要性

**他人に説明
できること**　分かっていることと，それを他人にも説明できることとは異なります。これは，ゼミで答えるときだけではなく，答案でも同じです。読む人が，この答案は分かって書いているな，と認識できることが必要です。つまり，自分で分かっていることと，分かっていると認識できるように書くことは別です。最近は，大学でも成績の開示・説明制度ができて，自分はそう書いたつもりだといってくる人がいますが，客観的にそう読めなければ，書いていないのと同様です。

　ロースクールのケースですが，試験の後で，データベースに検索をかけて，自分の説に合う下級審の裁判例や学説もあるという人がいます。しかし，あまり特殊な例や意見を出しても説得力はありません。また，成績の開示請求は，つけ間違いや漏れに対する手段であって，再審査や救済のためではありません。

　試験では書いたことの中で，意見では述べたことの中で，きちんと必要なことを開示していることが重要なのであって，あいまいに書いて，こうも読めるというのは意味のないことです。試験だと，あまり他人の答案をみる機会はないでしょうが，グループ討論や報告を聴く機会があれば，自分の意見と比較して，どこが優っているか（劣っているかも），客観的に知ることができます。これは，内容だけではなく，報告の仕方についてもいえます。

4 やさしく説明することの必要性

**「媒質」の
の説明**　私は，1年生のゼミなどで，よく以下の文（「媒質」）
の説明をしてもらいます。説明してもらうのは，別
の概念，たとえば「平均海水面」でも，「ジオイド」でも，「有効数
字」でも，かまいません。

> 「物が落ちるときのスピードは，落ちる世界の媒質の密度が小
> さいほど早く落ちる」

調べて回答してもらいますが，答えを作るときには，親や弟妹に
でもわかるように説明してくださいと注文をつけます。調べてきた
ものをそのまま読み上げる人がいますが，やさしく説明するのは，
案外むずかしいものです。自分の言葉で置き換えるなり，具体的な
例を出さないと，やさしい説明はできません。これは，法律の文で
も同じです。さらにいえば，勉強する場合に一般的にあてはまるで
しょう。むずかしいテキストをそのまま読んでも，抽象的な概念が
頭の中を通過するだけで，理解できないだけではなく，読んでいて
もつまらないでしょう。勉強する訓練のできている人は，高校まで
にこうした説明方法を身につけています。自分は勉強が嫌いだと
思っている人は，方法を変えてみてはどうでしょうか。

なお，上の「媒質」の解答はたくさんありうるので，1人で10
種類ぐらい考えてください。ここでは，1つだけあげておきます。
「昨日，お母さんが茶わんを落として割ってしまったけれども，水
の中で落としたときには割れなかった」というものです。解答の良
し悪しについても，検討するといいでしょう。

**言い換え
の試み**　法律の本を読むときにも，たんに字を追うのではなく，
意味を具体化すること，自分の言葉で言い換えてみる
ことを試みてください。本の中では，普遍性のために，抽象的に
言っている場合があり，その内容は，具体化してみなければわかり

第1講　授業の前に

ません。具体的な例を挙げて考えてください。判例の射程などにも，具体的に考えてはじめて判断できることがあります。

質問の仕方　質問する際に，「どうすればいいですか」とか，「わかりません」といった質問はありえません。これでは，小学生です。「○○の点については，○○と思いますが，どうでしょうか」とする必要があります。つまり，自分の意見や方針を示した上で質問するわけです。定義や概念がわからないなら，テキストを読めばいいし，具体的な実例も載っているはずです。テキストがわからなければ，どのテキストがいいですかという質問になる話です。定義がおかしいとか，区別があいまいだというなら，別の質問になるでしょう。どうわからないかではなく，全部わからないというのは，何もしていない証拠です。

5　討論と説得の意味

グループ討論やゼミでは，他人の意見を聴いて，自分の意見と比較したり，他人の意見を引き出す努力をしてください。議論する場合に，とくに弁のたつ人は，討論の場を相手を言い負かすところと誤解している場合があります。極端な例を述べて言い負かすことの得意な人もいますが，言い負かしても，相手方が納得できる議論でなければ，議論は深まりません。

議論には，人柄が出ます。統計でもとらなければ断定できないことでも，自分の狭い経験や知識だけで断定する人もいます。初心者は，人がいいほど，こうした意見に弱く，言い負かされてしまいますが，それでも決して納得したわけではありません。独善的にならずに，もっと他人の意見を聴いて，物事にはいろいろな見方ができるとか，説得の技術を学んでもらいたいと思います。いろいろと意

見を出すと，判例や学説の違いとも対応させて，自分たちでも，けっこう劣らない議論ができることがわかるでしょう。

6　初回には，自己紹介をしてもらう

**プレゼン
の重要性**　自己紹介をすることによって，プレゼンテーションの重要性を知ってもらいます。「○○高校から来ました。趣味は，○○です。サークルは，○○です」というのが多いのですが，その手の消極的なものでは十分ではありません。今までの生涯で，自分なりに記憶に残ることや感銘をうけたこと，大学の4年間で実現したいこと，将来の希望について，それぞれ作文をしてみてください。書いてみると思い出すこともあるはずです。自己紹介は，サークルでも，進級時の他のゼミでも，会社の面接や，エントリーシートでも，必ずすることですから，記録はむだにはなりません。パソコンで作って，直しながら進化させましょう。プレゼンテーションと作文の練習にもなります。

**ゼミの
出席**　一般に大講義室の授業は，出欠をとらないこともありますが，ゼミは，全回出席が原則です。報告をさぼったり，3回以上欠席すると，単位にはなりません。前に述べた授業の実質化の観点から，ゼミに出ているだけで，下を向いて黙っているのも，よい評価にはなりません。

**グループ
報告**　ゼミでは，グループを作って，自分たちの議論をまとめ，発言してもらいます。グループは，毎回の議論だけではなく，報告の際にも用いますから，意思の疎通ができるようにしておいてください。

第1講 授業の前に

図書館ガイダンス　　　2，3回目ごろに，図書館ガイダンスが入ることがあります。そのおりには，ID とパスワードを用意しておいてください。図書館職員によるレクチャーは，おおむね2部からなっています。第1は，OPAC の利用方法（図書・雑誌の検索のほか，データベースの利用法など），第2は，図書館の利用方法（図書の配列）です。とくに，法律書や判例集の（実物の）位置を確認しておいてください。

推薦状　　　なお，自己紹介は，教師が推薦状を書く際にも参考にします。必要な場合は，書式をそろえて（外国の場合には，TOEIC, TOFEL の成績，GPA の結果も必要です），将来の希望や自己アピール文をつくって来てください。また，いきなり言われても困りますので，推薦状が欲しい人は，最低限1週間程度余裕をもって依頼してください。

第2講　法律と常識，六法

1　法律と常識

　法律上の判断は，結論として，常識に合致することが多いものです。もちろん，非常識では困るのですが，常識だというだけでは足りません。結論のための理由を法律的に説明できなければなりません。常識を理論的に納得のいくように説明できることが，法律を知っていることになるのです。法律は説得の技術でもあるということです。

　法律を形式的に適用して，非常に極端なことをいう人がいます。しかし，建前論は，議論の時には強いことが多いのですが，あまり説得力はありません。「良き法律家は，悪しき隣人」という格言について考えてください。

2　六法全書をもってくること

条文が　民法，商法，刑法などの実定法科目では，六法全書を
出発点　もってくるように言われます。もちろん，持参するだけでは足りないわけで，授業中に，条文が出てくるたびに，いちいち参照する必要があります。もってきても，ただ置いておく人がいますが，せっかくもってきたのですから，参照しましょう。ただ，法律科目でも，法制史や法哲学などの基礎法の授業では，それほど必要でない場合もあります。

　条文が学習の出発点ですから，語学の授業のさいの辞書と同じように，まめに参照してください。語学の授業では，辞書は予習のときに使うので，授業中は引かないかもしれませんが，六法全書は，

第2講 法律と常識, 六法

授業中でもみてください。講義の時にはだいたい同じ領域の法文が登場しますから，参照することもそう手間ではありません。といっても，参照しない人がいるので，私は，しばしば学生諸君に読んでもらいます。

たとえば，民法3条1項「私権の享有は，出生に始まる」。

ちなみに，この条文は，明治時代に民法ができたときには，1条でした。

付属法規の 付属法規だと，どこに必要な条文があるのかわから
さがし方 ないという人がいます。慣れれば，わかりますが，たとえば，民法の領域だと，付属法規もパンデクテンの順序に従って，総則，物権，債権と並んでいます。六法全書の持ち込み式の試験もあるので，著名な条文の位置ぐらいは覚えるように心がけましょう。六法全書には，目次もついているので，一応の体系を頭に入れておけば，予想がつきます。やみくもに探すのは，海図なしに海に出るようなものです。

六法全書の持ち込み可能な試験の時に，真新しい六法全書をもってきて，索引を引いている人がいます。問題をみたときに，どこに必要な条文があるかもわからない人には，その科目の及第はむずかしいと思った方がいいかもしれません。

条文の 条文の索引を引かないように，国家試験用六法には索
さがし方 引がありません。もっとも，索引をみても，必要な条文にたどりつけるかどうかは不明です。たとえば，「売買」で引いても，民法の555条以下が記載されているだけです。売買契約の無効なら，民法総則の規定を，契約の不履行なら債権総論の規定をみなければなりませんから，索引だけ引いても意味はないのです。

講義中に，六法全書の代わりに，スマホやパソコンをもってきて

14

代用する人がいます。スマホやパソコンは，紙の辞書と同じではありません。検索をかけて，検索エンジンの助けをうけているのですから，他人に考えてもらっているのと同じです。試験では，当然，電子機器は禁止です。六法全書が重いなら，必要なところだけもってくるという方法もあります。

　いずれにしても，実定法科目では，条文が出発点ですから，よく参照してください。文献の中での重要性からいえば，聖書やお経のようなものでしょう。条文をみてもよくわからないといって，テキストばかりみる人もいますが，テキストは条文を前提に書かれているので，それだけでは，理解しにくいでしょう。薄いテキストには，ほぼ条文を並び替えて言い換えただけで，条文以上の情報はないものもあります。

　日本の六法全書は便利で，ハンディーなものでも，6法（10法も）がみな入っています。外国の法令集だと，民法とか刑法とか，分野ごとが通常です。それでも，外国の法令集は，日本の六法全書ぐらいの重さはありますから，授業が重なる日はたいへんです。外国の学生は，法令集だけを，リュックに何冊も入れて運んでいます。六法全書に関しては，日本ほど楽なところはないと思います。授業の時には，必ずもってきてください。

3　六法全書の種類

六法全書の選　六法全書には，たくさん種類があります。大学で
び方，使い方　は，新入生向けに，六法全書の解説をくれるところもありますが，大学の売店でも，たくさん扱っています。大小ありますから，ポピュラーなものを説明しましょう。ほかにも，実用書としての六法全書はいろいろありますが，ここでは立ち入りませ

第2講　法律と常識，六法

ん。

　一番多くの種類を出しているのは，法律出版社の有斐閣で，大きい順に，六法全書，判例六法 Professional，判例六法，ポケット六法などがあり，毎年更新されます。三省堂は，模範六法，デイリー六法などを出しており，模範六法は，判例つき六法としては老舗です。信山社は，2008 年ごろから，薄手の法学六法を出しています。2013 年までは，岩波書店も六法を出していましたが，撤退してしまいました。どの六法全書を使うかは，目的によって異なります。一般的な選び方については，大学などから解説文が配布されますから，それを参照してください。ゼミの報告などで，関連した個別法規まで調べるなら大きなものを使いますが，日常の講義では，薄いもので十分でしょう。書店に行くと，解説付きの種々の六法もありますが，一般に，試験の時には，解説・判例つきでない六法全書だけが持ち込み可能な六法となります。なお，六法全書の各条文の後ろには，参照条文がついています。これは，解説ではないので制限はかかりません。ぜひ活用してください（たとえば，住所の 22 条の後ろに，弁済の場所に関する 484 条などが挙げてあります）。

　有斐閣の六法には，DVD 版もあり，昭和 32 年版から平成 23 年版までの，各年の有斐閣の六法全書が収録されています。このごろは，法令の改正が多いので，あの改正は何年だったかを確認する場合など，細かな改正について知りたいときには必要になります。ただし，この DVD では，内容は画像データです（条文を文字情報としてダウンロードすることはできません）。図書館は，各年度の大きな六法を保存しているはずですから，それでも足ります。

　最近は，IT 化のおかげで，電子政府のホームページ（e-Gov 電子政府の総合窓口）でも，法令を調べることができ，こちらは，最新

3 六法全書の種類

版を確認するのに便利です。ほかにも，大学のデータベースで検索可能な法令の窓口があるはずです。大学により契約先が異なりますから，図書館ツアーのような機会に確認してください。

旧法令の調べ方　法律によっては沿革が重要なので，古い規定はどうであったかを調べる必要が生じることがあります。最近は，法令の改廃が早く，経過措置などを調べることもあります。民法では，旧民法というものがあったという話を，民法総則の授業の最初に聴いたかもしれません。網羅的に調べるには，官報や法令全書がありますが，たいていはまとめてある本で十分でしょう。

　　我妻栄編『旧法令集』（昭和43年，有斐閣）──旧民法や旧刑　　　法などが掲載されています。

　　前田達明編『史料民法典』（平成16年，成文堂）──旧民法の　　　ほか，種々の民法の改定版が掲載されています。

　　江頭憲治郎・小早川光郎・西田典之・高橋宏志・能見善久編　　　『旧法令集平成改正版』（平成24年，有斐閣）── 2004年の　　　民法典の現代化までの（文語の）民法の条文もあります。

条文の口語化　ちなみに，いわゆる六法の中では，戦後に制定された憲法（1946年）と刑事訴訟法（1948年）は，もともと口語ですが（ひらがなに，旧かな遣い，旧字），戦前の制定法である刑法は1995年に，民事訴訟法は1996年に，そして，民法は2004年に口語化されました（2005年施行）。その際，民法の口語化にあわせて，内容上まったく争いのない部分だけがいくつか修正され（民192条，478条，709条ほか），あわせて，465条の2以下に「貸金等根保証契約」も追加されました。商法は，遅れて2005年に会社法の部分を独立させたうえ，542条までが口語化されました。

　2004年の口語化民法の前のものを「旧民法」ということがあり

ますが，1890年の旧民法と紛らわしくミスリーディングです。「明治民法」とか「文語民法」とでもいうべきでしょう。かたかな文語文だったからです。

商法の場合，後半の文語文が口語化されると（2019年），かつての文語の法律文がわからなくなってしまいます。個別法では，たとえば「身元保証法」や「失火責任法」にかたかな・文語が残っていますので，みてください。本書では，参考までにいくつかのかたかなの法文を載せています。種々の機会をとらえて，慣れてください。

4 六法とは何か

「六法」と　六法全書の話をしましたが，そもそも六法とは何で
呼ぶ理由　しょうか。

形式的には，憲法，民法，商法，刑法，民事訴訟法，刑事訴訟法の6つが六法です。ただ，物ごとは，整理して分類し比較するところから始まりますので，なぜ六法というのかを考えてみてください。

六法全書をみてもらうと，ほかにも重要な法の領域があります。行政法，無体財産法，労働法，国際法などです。だとしたら，4つか5つ足して，10法や11法でもよさそうです。それでも六法というのは，一つには伝統です。六法全書ができた当時は，この6つが基本だったからで，現在でも，司法試験の基本的な科目はこれらです。ただし，イタリア法やフランス法では，憲法を抜いて，5法といいます（手元に，Cinque Codici, 1922というのがあります。最近では，Codice civileのように，民法や各領域ごとに編集するものが多いようです）。

ほかに，それぞれの名前を冠した大法典があることも理由になりそうです。この理屈では，商法からは，会社法が独立して，だいぶ

条文が減っているのが問題になりますが，やっぱり除外することはできないでしょう。

　重要なものが6つだからという説明をする人もいるでしょうが，そうすると，行政法や労働法は，重要ではないのかといって，怒られそうです。この点も，やはり，時代的に，先行したものが六法になっているともいえます。民話にいう十二支のネコのようなもので，遅れてきたので，入れなかったのです。

法令の分類　さらに，法令を，いろいろな角度から2つに分類してみましょう。分類の仕方としては，公法と私法，実体法と手続法，憲法とその他，大法典があるものとそうでないもの，沿革的な分類などがあります。ほかにもありそうですから，自分でもいくつか考えてください。ファラデーは，「ロウソクの科学」で，1つのものをみて，多様な見方ができることの重要性を指摘しています。

　憲法とその他というのは，憲法以外の法律は，民事にせよ刑事にせよ，国家の観点から国民の権利や義務を定めているのに対し，憲法は，国民の観点から国家を縛っていることに着目したものです。

　「国家賠償法」という法律があります。どこに置かれているかみてください。その位置について考えてみてください。

付属法規の並び方　付属法規との関係も考えてみましょう。民法にも，たくさんの付属法規があります。民法に先立つもの（旧利息制限法の後継である利息制限法），民法から独立したもの（一般社団法人法），時代的にあとから加わったもの（借地借家法や消費者保護に関する立法），技術的なもの（不動産登記法）など，根拠はいろいろです。これも分類してみると，おもしろいでしょう。ちなみに，付属法規も，基本的にはパンデクテンの順に並べられています。つ

まり，民法総則，物権，債権にそれぞれ関連するものの順です。民法本体の並び方がわかれば，付属法規の並び方もわかるということです。

5　条文の見方

　六法全書や条文の見方は，おいおい習ってもらいますが，1点だけ注意します。条文は，項，号と細分化されます。たとえば，民法の1条は，3つの項からなっています。13条は，長い条文で，4項からなっています。さらに，1項の中に，10号までの細目があります。32条は，2項までありますが，それとは別に，32条の2という条文があります。これは，追加条文で，31条や32条と同格です。

　授業中に，割賦販売法30条の4をみてもらったところ，30条4項と誤解して探していた人がいます（30条は3項まで）。30条の4も，追加条文です。外国法は，ドイツ民法典（BGB）では，§ 90-2のようにします。アメリカ統一商法典（UCC）では，§ 100-1-2のように，枝番号の形式をとります。ちなみに，上の30条の4は，抗弁の接続に関する規定です（この30条の4の条文と関係しているのが，最判平2・2・20判時1354号76頁です。機会があれば，調べてみてください）。

　30条3項は，30条の中に3つの項目があり，その3番目ということです。項の下には，号があります。○条○項○号となります。なお，かつては，「第1条」のように，「第」をつけて呼んでいました。現在は，簡便のために「第」を省くのがふつうですが，「30条の4第1項」の場合には，「第」を抜くと，「41」とつながってしまうので，この場合だけ「第」をつけます。

6 現物をみること

「六法，公法と私法，刑法と私法」などについて，意見をまとめてください。また，図書館に行って，判例集の現物にあたってみてください。最高裁判例集には，1審，2審が付されていますが，データーベースの中では，1審，2審が同じ所にはないものもあるので注意してください。とくに報告者は，1審，2審も見ることが必要です。

第3講　民法のでき方と体系

1　民法の成立と修正

不平等条約
約の克服　民法の成立時の話は，民法総則の講義の中でも聞くと思います。繰り返しになりますので，すこし広げて話します。

　ほぼ明治時代を通じて，江戸時代末期に西欧の列強との間で結んだ不平等条約の改正が重要な意味をもっていました。黒船でやって来たペリーとの間で，最初に結んだ日米和親条約は，ただの開国の条約でした。鎖国を止めて，下田と箱館を開港するというものです。しかし，次に結んだ日米修好通商条約（1858年）は，不平等条約でした。日本史の知識になりますが，関税自主権と領事裁判権が日本に不利に定められていました。最恵国待遇の結果，他の列強にも同じ条項が適用されました。

　関税自主権とは，主権の一部として，日本の輸入関税を，通常日本が独自に設定するものです。そこで，国内産業の保護などを目的として高い関税をかけて，輸入を防止したり，金銀の海外流出を防ぐことができます。西欧では，19世紀には，こうした政策が一般的でしたが，日本はそれができなくなりました。その結果，日本は，第一次世界大戦まで（ほかの理由もありますが），輸入超過に苦しむことになりました。1911年の日米通商航海条約の改定まで，50年以上も続きました。ちなみに，関税自主権を回復しても，日本の貿易赤字は，第一次世界大戦の時期を除いて，ずっと継続しましたが，それは法律というより，産業構造の問題です。

　領事裁判権には，より大きな問題があります。横浜のような開港

場では，アメリカ人が日本人に罪を犯したときには，アメリカの領事がアメリカ法で，日本人がアメリカ人に対し罪を犯したときには，日本の役人が日本法で裁判をするとしたものです。一見すると公平にみえますが，居留地は日本であり，本来，日本の裁判権の下にあるはずです。幕府には，国際法の知識がなかったので，こうした条約を結んだのです。外交官である領事がする裁判では，しばしばアメリカ人に有利な判断が行われました。

1894 年の日清戦争の直前に日英通商航海条約が改正されて，やっと領事裁判権が撤廃されました（発効したのは，1899 年）。法律の知識がないと，国内法だけではなく，国際関係でも，こういう不利なことが起ります。

法典づくり　さて，条約改正の準備のためと，国内的にも法律を
の難しさ　早急に整備する必要が生じたことから，民法のような大法典を作ることになるわけですが，どうすればいいのでしょうか。

じつは，法律を作るのはたいへんなことです。現在のことで想像してください。たとえば，代理母や先端医療などで，法令が整備されていないと指摘されています（ほかにも考えてください）。素人的には，さっさと頭で考えて作ればいいと思いますが，実際には，そう簡単ではありません。

まず，規制するべき事実が不明なことが多いのです。当事者としては，わざわざ公表する必要はないので，これまで自分の好きなようにしてきたでしょう。場合によっては，なるべく秘密にしたいこともあるでしょう。当事者の立場も，それぞれ異なります。きちんと把握しないと，漏れや不公平が生じるでしょう。また，規制の仕方は複数あるかもしれませんし，人により考え方に違いがあるかも

しれません。さらに，関連した法規との整合性も考えなければなりません。同じ事実でも，ルートによって大きな違いが出るのは妥当ではありません。脱法行為という言葉を聞いたことがあるでしょう。憲法や人権に配慮することも必要になります……など，考えるべきことはたくさんあります。

　明治時代は，条約改正が重要事項ですから，作った法律が世界標準に達することが要件です。封建法に親しんでいるからといって，古い法を成文化した程度のものであれば，そんな国に自国民の裁判は任せられないと，条約交渉拒絶の理由になってしまいます。そうすると，モデルや基準は，西欧法ということになります。現在の世界の立法でも，多くの場合，モデルは欧米法でしょう。アジア・アフリカの法も，大半は欧米法をモデルにしています。法の世界に，まったく独自のものはないのです。

モデル国の決定　では，西欧諸国のうち，どこがモデルになったでしょうか。答えは，明治という時代を考えれば，ほぼ機械的に出てきます。まず，明治維新に係わった列強が考えられます。ペリーのアメリカや，反幕勢力の後押しをしたイギリス，幕府の後押しをしたフランスなどです。アメリカは，イギリスの植民地であった歴史があるので，法の体系，ルーツは同一です（いわゆる英米法）。

　この英米法は，判例法を基本としているので，大部の判例を参照しないと，見通すのがたいへんです。そこで，英米法を除く，いわゆる成文法の国の法律を参考にするということが考えられます。フランス民法は，1804年にできていましたから，参照するのが容易です（それ以外の刑法なども）。また，明治の初期には，フランス流の自由思想，自然法思想が社会に影響力をもっており，比較的親し

みやすかったこともあります。そのため，最初は，フランス法がモデルになりました。いくつもの草案は，ほぼフランス法をモデルとしています。民法の場合，お雇い外国人のボアソナードが草案を作成して，それを日本人が修正して，旧民法ができました（ボアソナードは，しばしば登場します。大久保泰甫『ボワソナアド』（1977 年）参照）。同じく，旧刑法も作られました。旧商法は，ドイツ人のロエスレルが草案を作成しました。

法典論争　ここで，著名な「民法典論争」がおきました。理由の1つは，「民法出デテ忠孝亡ブ」との批判です。結果，旧民法は，公式には，一度も施行されないまま廃止されました。旧民法は，ボアソナードの草案によるところが多かったので，ボアソナード民法ともいわれますが，正式に審議し決定したのは日本人による法律取調委員会でした。

現行民法の立案　現行民法典は，穂積陳重，富井政章，梅謙次郎の3人を起草者として，明治 26 年（1893 年）に設置された法典調査会で審議されました。1888 年に公表されたドイツ民法第1草案や当時の最新の法律や草案を参考に，いわば比較法の所産として成立しました（財産法の部分と家族法の部分がそれぞれ明治 29 年（1896 年），同 31 年（1898 年）公布，ともに明治 31 年から施行）。起草者たちは，大国だけではなく，ヨーロッパの小国（たとえば，スイスやモンテネグロなど）も含めて，多数の法を参照しました。アメリカやカナダの州の法律までも参照しています。当時の情報量からすれば，たいしたものだと思います。

戦後の改正　その後の経過は省略しますが，戦後の 1947 年に，民法の親族・相続編は全面改正されました（口語，ひらがな書き。そこで，これ以前のものは区別のために，明治民法の親族・相続

編といわれます）。家制度を基礎とする明治民法が，日本国憲法の理念にそぐわなかったからです（個人の尊厳と両性の平等）。

　他方，民法の財産法には，一部改正や付属法規による実質的な修正があっただけです。近年の比較的大きな改正としては，1999年の成年後見法による改正（7条以下，838条2号，876条以下），および2004年の財産法の口語化があります（後者では内容の変更をせずに，口語・ひらがな書きとしました）。財産法の内容の現代化も課題でしたが，そのときには達成されませんでした。その後，2017年に改正法（債権法）ができ，2020年から施行されます。

　家族法でも，1993年にかなり大きな改正法案（夫婦別姓など）が公表され，長らく実現されませんでしたが，2018年に，新たな改正が行われました（配偶者居住権や遺言方式の緩和など，6カ月から2年以内の施行および2020年）。成年や婚姻年齢を18歳とする改正法もあります（2022年施行予定）。

2　明治期の思想と学校

文明開花　幕末に，フランスが幕府を，イギリスが薩長を応援したので，西欧の中でも，この2カ国の日本への影響には，大きなものがありました。アメリカは，貿易面などで大きな影響力がありましたが，まだ新興国だったので，思想の上では，イギリスの影響力が大きくみられました。文明開化の動きが，フランスやイギリスの自由思想の流入を招き，民間で非常に盛んになりました。政府も，いわゆるお雇い外国人を雇って，殖産興業政策を推進しました。お雇い外国人は高給だったので，その経費が政府機関や学校の予算の3分の1ぐらいまで占めることもありました。ボアソナードの年俸が最終的に2万円にもなったことは著名です。ちなみに，1886

年（明治19年）の総理大臣の年俸は，9600円でした。

　そこで，早く技術や学問を移転して，お雇い外国人を日本人に代えることが目的となりました。著名人では，夏目漱石が，ロンドンに2年留学して，1903年に帰国後，帝国大学の英文科講師となったことが知られています。ただ，漱石は，結局後身の教育にはあたらず，1907年に朝日新聞に入社しました。民法起草者の1人，梅謙次郎は，1890年に帰国して，帝大教授となっています。

法学校の成立　細かな点は，省略しますが，初期の法学校には，フランス法を中心にするものと，イギリス法を中心とするものがありました。東京近郊の大学でフランス式のものは，司法省法学校，明治法律学校（明治大学の前身），和仏法律学校（法政大学の前身）など，イギリス式のものは，東京大学，東京専門学校（早稲田大学の前身），英吉利法律学校（東京法学院＝中央大学の前身）などでした。

　旧民法に反対した者の中心はイギリス系の学校とその関係者でした。これが，法典論争が学閥争いといわれる一因です。フランス法・イギリス法に比較すると，ドイツ法の導入は遅く，わずかに独逸学協会学校（獨協大学の前身）や，日本法律学校（日本大学の前身）があるだけでした。日本法律学校は，司法卿の山田顕義が設立関係者です（護国寺の山田の墓は大学が管理しています。なお，護国寺には，梅と富井の墓もあります）。初期の政治家でも，江藤新平，大木喬任など初期の司法卿は，フランス法をモデルとしていました。明治初期には，それが当然でした。江藤の著名な言に「誤訳も妨げず，ただ速訳せよ」というのがあります。早くフランス民法を翻訳して，タイトルを日本民法と変えれば，法典ができるという発想です。

第3講　民法のでき方と体系

自然法思想　今からみれば乱暴な話ですが，いちおうの理屈はあります。フランス民法の基礎となっているのは，自然法思想です。この自然法思想によれば，法の基礎には人間の本性が据えられるべきで，人はみな平等であるとすれば，フランス民法の基礎とするところは，応用が可能なはずです。こうした思想は，封建法を克服するには有益でした。実際に，フランス民法は，フランス革命後に，ヨーロッパ各地にフランス革命軍とともに進出したのです。しかし，これに対しては，法は，慣習や言語と同じく歴史的に制約されたものだという歴史法学の思想があります（チボー・サヴィニー論争）。日本の憲法論争にも通じます。

モデル法典　ちなみに，フランス民法典は，1804年にできていましたが，ドイツ民法典のできるのは，ずっと遅く1896年です（1900年施行）。存在しなかったので，モデルにしようもなかったのです。また，プロイセンのラント法は，2万条もあって，使いにくかったのです。1880年代からは，ドイツ民法典の第1草案，第2草案が出てきましたので，それを参考にしましたが，それ以前は，フランス民法典だけがまとまった法典でした。英米法は，いわゆる判例法ですから，翻訳して移植するためのモデルにはなりにくいのです。

法学校出の就職先　明治時代には，国立の帝国大学のほか，多数の私立学校ができました。当時も，学校の就職情報などは，関心を集めたのでしょう。〔東京〕府下司法省指定法律学校卒業生・就職別一覧表（明治30年）というものがあり，当時の就職状況がわかります。

それには，法学院〔20〕，専門学校（法学部）〔8〕，慶応義塾（法学部）〔－〕，明治〔7〕，日本〔6〕，和仏〔4〕，専修学校（法律科）

〔3〕，独逸協会（専修科）〔11〕などと記載されています。これは，各学校の高等文官試験に合格した者の数です。今の国家公務員上級職の試験にあたります。帝国大学の卒業生には，長い間，この試験が免除されていました。一覧表には，ほかに，高等武官，判事，検事，弁護士などになった者の数も記載されています。興味深いものですが，かなり詳細になりますので，省略します（堅田剛『独逸学協会と明治法制』（1999 年）130 頁参照）。

3　民法の編別―財産法，家族法

民法の　日本の民法典は，5 編から成り立っています。第 1 編総
体系　　則，第 2 編物権，第 3 編債権，第 4 編親族，第 5 編相続です。

　このうち，第 3 編までの部分が私人間の財産関係を扱っているので，これを財産法といい，また，私人の身分・家族上の関係を扱う第 4 編，第 5 編を合わせて家族法といいます。日本の民法は，この 2 者に大別されます。この点は，旧民法やそのモデルのフランス民法がインスティテューチオネス式といって，財産法と家族法をあまり厳格に峻別しない（相続が，売買などと同列で財産取得の 1 方法となる）のと異なっています。

　日本の民法の体系は，ドイツ民法に倣ったもので，パンデクテン式といいます（ただし，物権と債権の位置が異なるザクセン式）。物権と債権の峻別とか，総則などの抽象的規律の多いことや記述の順序など，特徴はいくつかありますが，権利の主体としての地位も，身分上の地位も包含される点も，特徴です。たとえば，代理の規定は，民法総則の代理（成年後見人など，7 条以下，99 条以下）と，親族法の代理（未成年後見人など，839 条以下）に分かれています。

第3講　民法のでき方と体系

民法の体系の特徴　財産法の部分の体系は比較的わかりにくいのですが，民法を理解するには，この体系を理解することが必要です。民法の対象とする取引関係を例として述べれば，これには売買や賃貸借といったものがありますが，わが国の私法は，これらの取引関係を売買法，賃貸借法といった個別の法律によって規定せずに，民法１つで規律しています。このような体系のメリットは１つの法律ですべての取引関係を処理しうることです。しかし，基本的な法が膨大になり，どこに必要な条文があるのか初学者にはわからなくなるというデメリットもあります。

　つまり，いろいろな取引のプロセスで出てくる問題を，取引の形態ごとではなく，個々の相違を無視して共通する事項で一括して解決してしまうのです。たとえば，売買でも賃貸借でも，取引の主体は人あるいは法人でしょう（3条，33条以下）。また，取引をするには当事者の意思表示が必要でしょう（90条以下）。このような問題は，私法関係に共通する事項として，民法総論（総則ともいう）に入れられます。また，売買でも贈与でも，所有権が移転することになれば，その移転の要件・効果は所有権を代表とする物権の項目で一括して規定されます（175条以下）。さらに，売買でも，金銭の消費貸借でも，それによって契約の相手方に対する権利が生じれば，これは債権の問題として一括して扱います（399条以下）。体系的には，抽象的なものから具体的なものへという理論に従って構成されています。こうした体系は，18世紀の自然法思想に由来するものです。なるべく，同じことは繰り返さないということなのですが，欠陥もあります。抽象的なものが先にくるので，わかりにくいということになります。

3 民法の編別—財産法，家族法

民法の体系の利点　利点としては，もっと根本的なものがあります。包括的な形式をアパートに，売買法や賃貸借法のような個別的な形式を一戸建てにたとえてみます（図参照）．すると，包括的な形式の方が，時代の進展から，新しい契約（民法典に規定のない無名の契約）が発生したときに，対処しえないという事態を回避できます。日本法は，いわゆるヨーロッパの大陸法の体系をとっているので，裁判は成文の法律にもとづいてしなければなりませんが，法律がないので，裁判ができないというわけにはいきません。

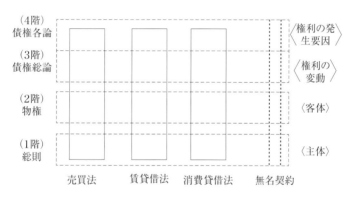

個別方式でいくのは，英米法です．イギリスには動産売買法，アメリカには統一商法典のようなかなり大きな法律があり，賃貸借などにも，それぞれ個別法がありますが，「民法」はありません．アメリカのロースクールの学生は，売買法の授業を聴きにいきますが，民法の授業を聴くことはありません（比較法の場合，Civil Law は，大陸法の民法を意味しますが，一般には，むしろ Civil Right 公民権に関する法律です）．英米法は，判例法主義をとっていて，先例にもとづいた裁判をしますから，個別の成文法がなくても，判例で裁判がで

第 3 講　民法のでき方と体系

きるのです。

民法の科目構成　ロースクールといわれる法科大学院が 2004 年に設立されるまでは，おおむね民法の体系にそった授業がされていました。つまり，(1)民法総則，(2)物権，(3)債権総論，(4)債権各論と，(5)家族法（親族・相続）と，民法を 5 科目ぐらいに分けて，条文と内容から，バランスをとっていたわけです。その後，ロースクールの設置と新規の講義科目の増加によって，教員の負担が増えることから，法学部の科目の縮小が行われました。総則と物権の前半（用益物権まで），物権の後半（担保物権）と債権総論，債権各論，家族法と，4 科目ぐらいにすることが増えました。それまで 1 科目 4 単位で 4 × 5 = 20 単位ぐらいで民法全体をしていたのを，場合によっては，4 × 3 = 12 単位ぐらいに縮小しました。5 科目のまま，単位だけを減らす例もあります（5 × 3 = 15 単位）。

　テキストの分け方は，あまり変わらず，(1)民法総則，(2)物権，(3)債権総論，(4)債権各論，(5)家族法が多いと思いますが，財産法を 3 つにするものもあります。

　授業の進め方も，かつては，(1)，(2)，(3)と順番に進めていたのが，最近では，具体的なところから始めるのが理解しやすいというので，(1)総則，(4)債権各論を先にする例が多いと思います。(4)債権各論は具体的で，とっつきやすい分野ですが，条文が多いので，授業の時には，契約の一部は省略します。他の授業でも売買を例にとることは多いので，なるべく早く履修しておくのがベターです。また，契約と不法行為が入っており，交通事故などを対象とする不法行為は，わかりやすいかもしれません。

32

3 民法の編別—財産法，家族法

不法行為　ついでですが，不法行為について少しふれておきます。語感から，最初はどうしても刑事の問題と混同する人がいます。不法行為は，場合によっては，刑法に触れることもあります。傷害や暴行などがわかりやすいでしょう。刑法上の効果は，傷害だと，15年以下の懲役または50万円以下の罰金（刑204条。暴行は同208条）です。民事上の効果は，損害賠償で（民709条），つまりは金銭の支払によるわけです（民722条1項）。入門授業で繰り返すところですが，近代法は，民事・刑事の責任を厳格に区別しています。民法の答案で刑事の解答をしたり，その逆をすることは，ほぼありませんから，きちんと区別しましょう（懲罰的損害賠償など例外はあります）。

また，同じ民事責任でも，契約責任と不法行為責任は，別問題です。民法の体系では，債務不履行による損害賠償（415条）と不法行為による損害賠償（709条）を区別しています（例外はあります）。具体例を挙げて説明しなさいというときに，不法行為の設例で，契約の不履行の例を挙げたり，逆に契約の設例に，不法行為の記述をする人がいます。民事・刑事の混同と同様，こうした混同は，授業に出たことがないことを自白しているようなものです。

対処能力
の修得　法律はたくさんあります。数え方にもよりますが，何千にもなるでしょう。そのうち，いちいち解説してくれるテキストのあるものは，わずかです。講義のある法律は，もっと少ないでしょう。

人生で，悩み事に遭遇したときに困らないようにする必要があります。新しいことに対処する場合，経験論とか理論や体系からの演繹とか，指針を求める方法は多様でしょうが，対処する能力を修得することも必要です。授業はそうした能力を獲得する訓練の1つで

第3講　民法のでき方と体系

もあることを意識してください。愚者は各自の狭い経験に学び，賢者は歴史に学ぶともいいます。授業は，狭い知識だけではなく，方法論を身につける機会です。

4　民法の講義は，すべてとること

履修の基本　どこから始めてもいいのですが，民法の全体を履修することが必要です。民法総則だけ勉強するのは，頭だけを知っていて，胴体や足はわからないようなものです。パンデクテンの体系からもわかるように，1年生の時に学んだところは，2年，3年になっても必要な知識です。みんな忘れてしまうと，先に行ってからわからなくなります。「法律は積み上げです」というのは，たんに暗記しろということではなく，こういう体系の理解を意味しています。

シラバスにも書いてありますが，民法は(1)から(5)（少なくとも財産法の(1)，(2)，(3)）は，全部そろって意味があります。一部だけとっても意味はありません。民法がわからないというときには，全部をとっていないから，ということが多いのです。こうしたことは，民法だけでなく，他の法律教科についても，総論・各論と分けているような場合には同様です。必修でないからといって，つまみ食いでは足りません。

全法律学のモデル＝民法　民法は，ローマ法以来の伝統があり，全法律学のモデルです。他の科目は，体系だけではなく，法の解釈のモデルも民法に倣っています。たとえば，憲法の社会契約説，国家法人説，商法の会社は，民法の法人論を基礎としています。刑法の犯罪理論には，民法の不法行為論との共通性があります。つまり，民法は法律の考え方を学ぶのに適しています。社会には，多

数の法律があり，授業や教科書でふれるものはごく一部です。自分で考えて理解するほかはありません。

法規定の　なお，法律の規定には，ある程度パターンがあります。
パターン　基本的なパターンを覚えていると，それが他でも応用が可能であったり，考え方として利用できる場合があります。多少修正して利用する場合に，古い知識を応用するわけです。なんでも暗記する必要はありませんが，みな忘れてしまうと，先に行って比較したり，応用したりできなくなります。

民法総則で登場する芸娼妓契約の考え方は，債権法の複合契約や，抗弁の切断，接続の話にも応用できるでしょうし，法人の不法行為能力（一般法人法 78 条，旧 44 条）や代表者の行為は，債権各論の使用者責任（715 条）の応用です。二重譲渡の考え方は，物権法の中で，あちこち利用されます。ほかにもありますので，利用できるもの，前に似たものがないかを考えましょう。

物の　民法総則にある土地と定着物の問題も，物の集合という一
集合　般的な問題の一部です。たとえば，X が A の土地に優先権（たとえば，抵当権）をもっている場合に，定着物にもその効力が及ぶのか，です。

土地と定着物のそれぞれの価値が 100 万円ずつとします。土地の抵当権の効力が及べば，X は，200 万円について優先権を取得できますが，及ばないとすれば，100 万円については，他の債権者 Y にもチャンスが回ってくることになります。X は，200 万円の債権をもっていても，100 万円については，Y と分割しなければなりません。これは，集合の利益をどこまで主張できるかの問題になります。共通した問題は，ほかにもあります。主物と従物，不動産と附加物，工場と機械（工場抵当法）などです。

第3講　民法のでき方と体系

```
X ─→ A（土地＋定着物）
        100        100  ←Yにもチャンス
```

債権者の平等　なお，前提として，債権者の平等という原則があります。たとえば，Aに対して，XとYが100万円ずつ債権をもっている場合に，Aの財産が100万円分しかなければ，XとYは，50万円ずつしか弁済をうけられません。金銭債権の実効性は，債務者の資力に依存するのです。債権者の平等は，その場合の衡平を考えたものです。これは執行上の原則で，民法には明文はありません。ただし，この場合の平等は，頭割りではなく，債権額に応じた平等ですから，Xの債権が200万円なら，XとYの債権額は2対1になり，Aの財産の100万円も2対1で分けることになります。どうしても，自分の弁済を確実にしたいのであれば，XもYも，物権，たとえば，抵当権を取得しておく必要があります（369条「抵当権者は……他の債権者に先立って自己の債権の弁済をうける権利を有する」）。担保物権というのは，この優先権のことです。

定着物に関する裁判例　次に，この定着物に関する裁判例をみてみます。建築中の建物に関するものです。

【判例】大判昭和10・10・1民集14巻1671頁

〔事実〕建物を建築するAは，資金不足のためXから金を借り，担保として当該建物を譲渡した。建物は，屋根瓦を葺き，荒壁を塗った段階であった。Xは工事を完成し，保存登記した。Yは，建物をAのものとして競売に付し（職権による保存登記），みずから競落した。Xの所有権確認請求に対し，原審は，建物は完成させたXのものとし，Xの請求を認容。

〔判決〕破棄差戻。「凡そ建物は，其の使用の目的に応して構造を異

36

にするものにして，之を新築する場合には，建物か其の目的とする使用に適当なる構成部分を具備する程度に達せさる限り，未た完成したる建物と称する能はすと雖，建物として不動産登記法に依り，登記を為すを得るに至るときは，当該有体物は，已に動産の領域を脱して不動産の部類に入りたりと云はさるへからす」。

「工事中の建物と雖，已に屋根及周壁を有し土地に定著せる一個の建造物として存在するに至るを以て足れりとし，床及天井の如きは，未た之を具へさるも可なり」(原文はかたかな。ひらがなにして，句読点を追加。判例集の本文をみて確認してください。以下も同様)。

これは，1つしかない不動産の，XとYの取り合いのケースです。譲渡時に，建物が完成していなければ，完成させたXのものになりますが(原始取得，原審)，完成していれば，Aのもので，XとYの関係は二重譲渡の関係になり(177条)，職権による保存登記の方が早いことから，建物はYのものとなります(Xの登記は無効)。

5　民法の起草方針と規定の特徴

民法には，しばしば大事なことが書いてありません。民法の起草者が，自明なことは規定しないとの方針でいたことから，わかりきったことは，規定していないのです。書かれていないところは，学理によります。これは旧民法に定義的な規定が多く，教科書的だという批判をうけてのものです。たとえば，2017年改正前には，現在の473条(弁済の定義的規定)にあたる条文がなく，弁済では，現在の474条がいきなり登場しました。通常，債務の弁済は，債務者がするはずですが，その原則規定がなく，例外である第三者の弁済だけが規定されていたのです。

また，起草当時は通説であっても，その後変動したこともあって，

必ずしも自明でないことは，解釈によることになります。物権的請求権の明文規定がないため，物権が侵害されても損害賠償請求しかできないという主張が登場したこともあります（大判大正4・12・2民録21輯1965頁ほか）。原則や自明なことを書かないことから，しばしば例外が原則に先立つことにもなります（連帯債務の相対効＝440条。改正前には，多くの絶対的効力事由がありました）。危険負担の債務者主義も後置されました（536条。2017年改正まで，例外である534条が前置されていました）。2017年改正は，原則の明文化もしています（521条の契約の自由の規定）。

第4講　法律のでき方

1　立法者はだれか

「太政官」 前講では民法の成立の話をしましたが，ここで法律一般の成立について話したいと思います。民法の付属法規や個別法規に関連する問題です。

民法の授業の初めの頃に，「太政官布告」というのが出てきます。そこで，太政官とは何かという話が出発点です。

その前に，法律をどう作りますかという質問をすると，学者とか維新の志士が集まってという答えが返ってきますが，これは，江戸城を誰が作りましたか，という質問に対し，大工が作りましたというようなものです。

江戸時代は，将軍の独裁ですから，将軍が作りますという答えになるでしょう。将軍が無能だと，綱吉の「生類哀れみの令」のようなものができます。この時代でも，吉宗の「御定書百箇条」などは，立派な成文法で法律の体裁をしています。

なお，「太政官」は，「だじょうかん」と読むのが一般的です。平安時代の律令法制に倣ったものですが，律令の方では，「だいじょうかん」と読んでいます。藤原道長のころには，太政大臣（だいじょうだいじん）でした。同じように読んでもいいのですが，区別するため，「だじょうかん」とします。ただ，区別しない人もいます（平安時代の太政官については，和田秀松・官職要解（1983年）50頁に詳しい）。

39

第 4 講　法律のでき方

内閣制度・　本題に戻ります。明治憲法の施行は 1890 年で，国
太政官制度　会が開設されたのも 1890 年です。国会があれば，
立法権は国会にありますが，国会がないので，法律を作ったのは，
学者や志士という話になるのでしょう。

　明治になって，古代の律令制度をモデルとして，政府の最高機関
として太政官制度が設けられました。平安時代のような太政大臣や
参議の合議体が政府の最高の意思決定機関として，国政全体を指導
しました。少し変化がありますが，太政官の下に省が置かれ，各省
のトップは卿になりました。1873 年からは，卿と参議は兼任です。
しかし，1885 年に，この太政官制度は廃止されて，内閣総理大臣
と各省の大臣による内閣制度が始まりました（枢密院は 1888 年に設
置）。

　1890 年に，国会が開設されるまでは，この太政官や内閣によっ
て（他の輔弼機関もありますが），法律が作られました。太政官によ
るものが太政官布告です。太政官達というのもあります。布告と達
の区別には変遷もありますが，いちおう内部的な訓令が達で（現在
では「通達」），全国的な法令にあたるのが布告です。太政官制度が
廃止されたことから，1886 年以降，太政官布告はなくなりました
が，新たに布告されなくなっただけで，以前に公布されていたもの
は，法律として維持されました。「法律」とつかなくても，効力に
差異はありません。著名なものには，旧利息制限法（1877 年の太政
官布告 66 号）があり，これは，戦後の 1954 年まで維持されていま
す（現行の利息制限法は，1954 年法律 100 号）。

日本の　民法の授業でも登場する旧民法は，日本で最初の民法で
民法　す。1890 年に公布されたのですが，その前にいわゆる
民法典論争がありました。ちょうど国会が開設されたばかりの時期

40

で，存在意義を発揮しようとしたのでしょう。旧民法の施行は延期され，結局，施行されませんでした。もう1年早ければ，簡単に政府の意向と威光で施行されたかもしれません。その後，改正作業が行われて，現行民法は1896年に公布，1898年に施行されました。

2　著名な太政官布告

裁判事務心得　太政官布告に戻ると，民法の総則としては，著名なものが2つあります。

1つは，明治8年（1875年）6月8日大政官布告103号で，裁判事務心得とありますが，実際は，重大な裁判の基準を立てています。

第3条で「民事ノ裁判ニ成文ノ法律ナキモノハ慣習ニ依リ慣習ナキモノハ条理ヲ推考シテ裁判スヘシ」と規定しています。

民法の法源の話でも聴くところですが，裁判の基準として，成文法，慣習法，条理の適用の順序を定めています。民法典がなかった時代ですから，多くの場合，慣習や条理によるしかなかったのです。ただし，ここでいう条理が，まったくの条理であったかどうかは不明です。条理とは，事物の本質あるいは道理を意味し，一般人が想定する筋道をいいますが，旧民法が公布されて以降，たくさん注釈書も出ていますから，それが事実上の基準になった可能性はあります。少なくとも参考にされたことは多いでしょう。ボアソナードのテキストでも，理性（raison）としての意義に触れています。

フランス民法典の基礎たる自然法思想によれば，自然法は普遍的なものですから，制定法の形をとらずとも，広く適用が可能なのです。このような考え方は，前にもふれたように，法は民族固有のものであると考える歴史法学派との間で，かつてドイツでも法典論争の原因となったことがあります（チボー・サヴィニー論争）。

第4講　法律のでき方

　なお，この条理に関する明治8年太政官布告103号では，この3条だけが有名ですが，ほかに，1条（遅滞なく裁判すること，疑義があっても中止して上級裁に伺いでるをえないこと），2条（不服は控訴による）などを規定しています。

　フランス式の規定では，フランス民法典4条で，裁判官は，裁判拒絶ができないことを規定しています。また，スイス民法1条では，法律は，文言上または解釈上，規定に含まれるすべての法律問題に適用されるとしています（1項）。法律が何らの規定ももたない場合には，裁判所は，慣習法により，それもない場合には，立法者が立てるようなルールによって判断しなければならないとしており（2項），その場合には，確立した理論（学説）と先例に従う（3項）ものとされます。著名な立法者意思の尊重規定です。

人身売買の禁止と　明治5年（1872年）10月2日太政官布告295
奴隷的拘束の禁止　号は，人身売買の禁止と年期奉公人（娼妓芸妓）の解放をうたったものです。これは，民法総則では，権利能力のところに登場する話です。

　295号「人身ヲ売買致シ終身又ハ年期ヲ限リ其主人ノ存意ニ任セ
　　虐使シ候ハ，人倫ニ背キ有マシキ事ニ付，古来制禁ノ処，従来
　　年期奉公等種々ノ名目ヲ以テ奉公住為致，其実売買同様ノ所業
　　ニ至リ以ノ外ノ事ニ付自今可為厳禁事」。

　人身売買や奴隷的拘束の禁止です。年季奉公の名目でする拘束を禁じていますが，「農工商ノ諸業習熟ノ為メ弟子奉公」は勝手としていて，見習いの奉公は自由ですが，年限を7年としています。

　　　「娼妓芸妓等年季奉公人一切解放可致右ニ付テノ貸借訴訟総
　　テ不取上候事」。

　焦点の芸娼妓は解放し，前借金に関する訴訟はとり上げないとし

42

ています。幕府法では，土地などの封建制度にかかわる訴訟以外は，恩恵として裁判をしているという扱いだったので，金銭訴訟はとり上げないとして，法律上の効力を否定することがかなりありました。それと同じ発想です。

　著名な明治5年10月9日の司法省達22号「娼妓芸妓ハ人身ノ権利ヲ失フ者ニテ牛馬ニ異ナラス。人ヨリ牛馬ニ物ノ返弁ヲ求ルノ理ナシ。故ニ従来同上ノ娼妓芸妓ヘ借ス所ノ金銀並ニ売掛滞金判等一切債ルヘカラサル事」もあります。芸娼妓が牛馬と同じであるから，借金は無効としたものです。

**マリア・ルー　　**この太政官布告の原因となったのが，マリア・
ス号事件　　　ルース（Maria Luz）号事件です。1872年7月，ペルー船籍のマリア・ルース号が，横浜に寄港したおり，同船で苦役に服していた中国人労働者がイギリス船に保護され，その引渡をうけた日本側が船長を訴追したことに対し，船長側が，中国人労働者に契約の履行を求めた事件です。日本側は，苦役と虐待から判断し奴隷の輸出行為として，契約を無効としましたが，ペルー側は，日本の芸娼妓が重大な苦役に服していることを援用し，反論しました。日本とペルーは，仲裁契約を結び，ロシア皇帝を裁判官とする仲裁裁判に付託しました。この事件は日本が当事者となった国際裁判の最初の事例としても著名です。

　前述の明治5年（1872年）10月2日の太政官布告295号と同年10月9日の司法省達22号には，ペルー側の主張に反駁する意味が込められています。当時は，まだ民法がなかったので，人を牛馬とするような乱暴な理論（？）が通用したのです（権利能力を否定）。

　ただし，明治6年（1873年）には娼妓・芸妓は公認され，戦前は，一定の制限のもとで，広く芸娼妓の制度が存続しました。その私法

43

第4講　法律のでき方

上の効果については，以下の著名な判決があり，公序良俗の判断の
推移を物語るものともなっています。

3　芸娼妓契約における前借金無効

【判例】最判昭和30・10・7民集9巻11号1616頁［百I第2版・
14］

〔事実〕　Y_1は，Xの先代Dから，4万円を借り受け，Y_2はその保証
人である。Y_1は，弁済について，16歳にもみたない娘EをDの下に，
酌婦として住み込ませ，その報酬（水揚料）の半分を弁済にあてると
いう約定をした。Y_2は，Y_1の連帯保証人となった。Eは，5カ月ほど
働いたが，逃げ出した。Eの酌婦として働いた報酬は，連れ戻しや衣
類のための費用にあてられ，なお不足している。そこで，Xは，Yら
を相手方として貸金の返済を請求した。Dが死亡したため，Xが訴訟
を承継した。

原審は，酌婦稼業の契約自体が公序良俗に反するということはでき
ないが，年少女子が長期に稼働を強いられることは，過度にその自由
を拘束することになり公序良俗に反するとした。しかし，そのことが
消費貸借契約に影響を及ぼすものではなく，契約に無効をきたすもの
ではないとして，Xの請求を認容した。

Yらが上告。本件消費貸借契約は，Aの酌婦稼業による報酬の前借
金契約であり，一体として公序良俗に反し無効を主張。

〔判決〕　破棄自判。「原審認定の事実によれば，Y_1は，昭和25年12
月23日頃X先代Dから金4万円を期限を定めず借り受け，Y_2は，右
債務につき連帯保証をしたが，その弁済については，特にY_1の娘E
がD方に住み込んだ上，同人がその妻の名義で経営していた料理屋業
に関して酌婦稼働をなし，よってEのうべき報酬金の半額をこれに充
てることを約した。前記Eは当時いまだ16歳にも達しない少女であ
つたが，同人はその後D方で約旨に基き昭和26年5月頃まで酌婦と

して稼働したに拘らず，Eの得た報酬金はすべて他の費用の弁済に充当せられ，Y_1の受領した金員についての弁済には全然充てられるにいたらなかつたというのである。そして原審は，右事実に基き，Eの酌婦としての稼働契約及び消費貸借のうち前記弁済方法に関する特約の部分は，公序良俗に反し無効であるが，その無効は，消費貸借契約自体の成否消長に影響を及ぼすものではないと判断し，Y両名に対し前記借用金員及び遅滞による損害金の支払をなすべきことを命じたのであつて，以上のうちEが酌婦として稼働する契約の部分が公序良俗に反し無効であるとする点については，当裁判所もまた見解を同一にするものである。しかしながら前記事実関係を実質的に観察すれば，Y_1は，その娘Eに酌婦稼業をさせる対価として，X先代から消費貸借名義で前借金を受領したものであり，X先代もEの酌婦としての稼働の結果を目当てとし，これあるがゆえにこそ前記金員を貸与したものということができるのである。しからばY_1の右金員受領とEの酌婦としての稼働とは，密接に関連して互に不可分の関係にあるものと認められるから，本件において契約の一部たる稼働契約の無効は，ひいて契約全部の無効を来すものと解するを相当とする。大審院大正7年10月2日（民録25輯195頁）及び大正10年9月29日（民録27輯1774頁）の判例は，いずれも当裁判所の採用しないところである。従つて本件のいわゆる消費貸借及びY_2のなした連帯保証契約はともに無効であり，そして以上の契約において不法の原因が受益者すなわちY等についてのみ存したものということはできないから，Xは民法708条本文により，交付した金員の返還を求めることはできないものといわなければならない。原判決は法律の解釈を誤つたものであつて破棄を免れない」。

裁判の付加情報　この裁判例には，冒頭にいろいろな情報が付加されています。

まず，事件番号として，昭和28（オ）622とあります。これは，民事事件記録符号規程による裁判符号で，昭28年度に受理した上

第4講　法律のでき方

告事件の622番目ということです。

　事件名として，預金（あずかりきん）返還請求。

　裁判年月日は，昭和30年10月7日。

　法廷名は，最高裁判所第二小法廷。

　裁判種別では，判決。

　結果は，破棄自判。

　判例集は，民集第9巻11号1616頁。

　原審裁判所名は，高松高等裁判所。

　原審裁判年月日は，昭和28年4月30日。

　ほかに，上告人や被上告人の記載などもあります。

事実関係
の再現　本書では，裁判例は自分で調べることを前提にしているので，引用は最低限に抑えてあります。事実関係も，最低限です。授業の時には，各自追加情報を加えて，黒板に図示してもらいます。判例は，たんに結論を出すための抽象論ではありません。結論を出すためには，種々の要素があり，当事者のどのような利益が考慮されているかを知ることに意味があります。これについては，大審院判決録に関する末弘厳太郎博士の意見（第5講2）も参照してください。また，「要件事実」という裁判所が認定し，かつ当事者の主張を理由づけるために不可欠な事実がありますが，それに神経質になるよりも，最初は，正確に事件の事実関係を再現できることが重要です。

　複雑な事案をみて，法文を適用できるように単純化すること（これは，要件事実を摘示することにつながります），逆に，法文から実例を説明できること，事案を復元できることが必要です。

46

契約の
無効　　なお，注意してもらいたいのは，芸娼妓契約の履行を強制できないのは，たんに契約が「悪い」からではありません。「無効」になるからです。事実関係が直接，法的効果に直結していると思っている人がいますが，この場合には，公序良俗に違反して，契約という法律行為が無効だから，履行を強制できないのです。不法行為のように，事実から法律効果が生じる場合もありますが，契約の場合には，法律行為の解釈が問題となっているのです。「悪い」契約だから，公序良俗に違反して「無効」となり，履行が強制できないのです。中間を省略すると，もはや法的な議論ではなくなってしまいます。こうした論理の飛躍を避けるためには，六法全書を手元において，条文上の根拠を探すことが有効です。

4　男女別の若年定年制

　今日，芸娼妓契約の無効については，問題とするまでもありませんが，この問題と，高度成長期までは，一般的に行われていた男女別の若年定年制というものを関連させて，考えてみてください。

　現在では，労働法上，女子の若年定年制（たとえば，男子は60歳，女子は55歳定年という規則）は，男女雇用機会均等法（6条1号，定年，退職，解雇における差別的取扱の禁止。1972年施行）に違反しますが，かつては広く行われていました。民法上も，性別のみによる不合理な差別を定めたものとして90条に違反するとされたのは，最高裁では，昭和も末ごろです。

【判例】最判昭和56・3・24民集35巻2号300頁

　　「Y会社の就業規則は男子の定年年齢を60歳，女子の定年年齢を55歳と規定しているところ，右の男女別定年制に合理性があるか否かにつき，原審は，Y会社における女子従業員の担当職種，男女従業員の

第4講　法律のでき方

勤続年数，高齢女子労働者の労働能力，定年制の一般的現状等諸般の事情を検討したうえ，Y会社においては，女子従業員の担当職務は相当広範囲にわたつていて，従業員の努力とY会社の活用策いかんによつては貢献度を上げうる職種が数多く含まれており，女子従業員各個人の能力等の評価を離れて，その全体をY会社に対する貢献度の上がらない従業員と断定する根拠はないこと，しかも，女子従業員について労働の質量が向上しないのに実質賃金が上昇するという不均衡が生じていると認めるべき根拠はないこと，少なくとも60歳前後までは，男女とも通常の職務であれば企業経営上要求される職務遂行能力に欠けるところはなく，各個人の労働能力の差異に応じた取扱がされるのは格別，一律に従業員として不適格とみて企業外へ排除するまでの理由はないことなど，Y会社の企業経営上の観点から定年年齢において女子を差別しなければならない合理的理由は認められない旨認定判断したものであり，右認定判断は，原判決挙示の証拠関係及びその説示に照らし，正当として是認することができる。そうすると，原審の確定した事実関係のもとにおいて，Y会社の就業規則中女子の定年年齢を男子より低く定めた部分は，専ら女子であることのみを理由として差別したことに帰着するものであり，性別のみによる不合理な差別を定めたものとして民法90条の規定により無効であると解するのが相当である（憲法14条1項，民法1条ノ2参照）」。

判決文に，憲法が登場したので，憲法規範が，直接私人を拘束するか，それとも民法90条を媒介して拘束するかという論点についても考えてください。テキストで調べるときには，直接適用説と間接適用説の記述を探してください。また，この対立の根本を考えてください。公法と私法の峻別のところを参考にしてください。これは，法律では基本的な概念が種々に応用できる例にもなっています（憲法が拘束する対象は誰かということです）。

5 まとめてみよう

「民法の編別，基本原理，民法の沿革，条約改正，自然法と歴史法学，物権と債権」について，意見をまとめてみて下さい。あらかじめ，民法総則のテキストで下調べをしてください。

第5講　判例の意味と調べ方，読み方

1　判例の学び方

事実から考える　授業で話されることと教科書に書いてあることが，まったく同じではないことは，前述しましたが，判例研究の場合には，とくにそうです。判例の解説書には，むずかしく書いてあることが多いのですが，事実をみてもらうと，比較的，率直な意見が出てくると思います。事実から考えると，案外，いろいろな意見が出ます。

　法律の勉強というと，法律論ばかりのような気がしますが，判例では，事実をどうみるかがかなり決定的です。法律論では，事実審の認定を前提に議論しますが，その事実審の認定がおかしいと思われる場合もあります。1審，2審で認定が異なったり，別の事実から法律論を組み立てる場合もあります。この場合には，じつは隠れた論点があるとか，別の論理からいった方がスマートだとかという場合もあります。裁判官が苦労して，別の論点に波及しないようにしていることが窺える場合や，当事者がおかしな議論をして，それに引きずられたと思われる場合もあります。ちなみに，民事事件では，弁護士がつかない場合もありますから（本人訴訟），ときに，おかしな主張もあるわけです。

　判例つきの六法全書だと，事実が消えて，要旨だけになって，あたかも法律の条文そのもののようですが，実際には微妙な判断や危い論理から出てきた場合もあります。「傍論」といわれる部分も見えてくるでしょう。そうした場合には，率直な感想が出発点になりますから，ぜひ，多面的な見方をしてみてください。

1 判例の学び方

図解の　事実関係は図解するとわかりやすいのですが，その方法
しかた　は，人によってかなり異なります。授業のときに，図解
されることが多いので，参考にしてください。図解は，レジメや報
告のさいにも使います。つねに事実を念頭に考えてください。事件
の概要がわかっていれば，図解ができるといわれます。

矢印（→）で，物の移転の方向を示す場合と，権利の関係を示す
場合とがあります。混乱すると，図が面倒になるので，区別しま
しょう。当事者の表示は，私法では，おおむね原告 X，被告 Y，
その他 A……となります。刑法では，かなり違います。なお，「控
訴人」「上告人」は，民事でも使いますが，「被告人」は刑事だけで
す。

法律上の配偶者はイコール（＝），事実上の場合はハイフン（−）
で，親子は縦線で表すことが多いようです。

A → B は，A から B に譲渡したという関係です。

A ￢ B は，A 債権者・B 債務者です。記号のないときには，
→→で代用します。

A → B（甲）は，A が B の甲財産を差し押えたことの意味です。
これも，→→→で代用します。

賃貸借だと，簡単に，$\dfrac{A}{B}$とします。A が賃借人で，B が所有者
です。

A が B に甲土地を貸していて，甲土地を C に売却した場合には，
$\dfrac{B}{A → C}$　となります。

事実関係　図解のときには，単純化してください。人は，ABC
の単純化　でも，○△でもかまいません。わざわざ棒人形を書く
人がいますが，不要です。権利・義務の帰属点であることを示せば

51

足ります。事案を説明するときと同様に，法的に関係のないことを気にする必要はありません。複雑な情報から必要な1つのことを引き出すことを心がけてください。

男女の区別は，家族法では○△で書き分ける意味がありますが，財産法の大部分では不要でしょう。単純化は，些細なことを気にしないことです。

ただし，当初は些細に思われることでも，じつは些細でないとわかることもあります。この場合に登場するのが，信義則などの一般条項です。信義則は，こうした場合の復活戦の道具です。その場合でも，理論的な道筋を形成するには，単純化が必要です。つまり，最初は単純化して，主要な論点を見つけるべきです。

人の属性 人の属性は，損害賠償額の算定などには意味をもつこともあります。逸失利益の算定では，外国人や男女の幼児などで差異を生じるべきかが問題となります。また，近時では，消費者保護の観点に意味のある特別法もあります。暴利の判断に，「農夫」が意味のあったこともあります（大判昭和9・5・1民集13巻875頁）。特段の事情がないのに，たんに貧乏で気の毒だとの理由をいう人がいますが，感情論だけでは，法的な論理にはなりませんし，信義則の根拠にもなりません。

判例の論点 また，同じ判例が，総則でも債権でも出てくることがあります。その場合は，物ごとを別の方向（論点）からみる練習にもなります。何かを見たときに，別の見方もできないか，つねに考えてみましょう。前述の芸娼妓の裁判例は，公序良俗でも，権利能力でも登場します。

2 大審院の判例

判決録と
判例集

最高裁の裁判例は，ひらがな・口語で書かれている上に，判決理由中に，かなり詳細な事実の記載があるので，わかりやすいと思いますが，読みにくいのは，大審院の裁判例です。大審院判例にふれる前に，大審院の公式判例集の話をしましょう。大審院の公式判例集には，「大審院判決録」と，「大審院判例集」があります。1921 年（大正 10 年）に体裁が変わって，判決録から判例集になりました。民事と刑事に分かれていて，民事の場合は，「民録」と「民集」です。

　大審院は，1875 年に設置されましたが，裁判所構成法（現在の裁判所法の前身）が制定され，大審院，控訴院，地方裁判所，区裁判所が整備されたのは，1890 年です。大審院は，戦後の 1947 年に廃止されました。大審院判決録は，明治 28 年（1895 年）に第 1 輯が出て，大正 10 年（1921 年）第 27 輯まで続きました。大審院判例集は，大正 11 年（1922 年）に第 1 巻が出て，昭和 21 年（1946 年）第 25 巻まで続きました（刑事は昭和 22 年，26 巻まで）。なお，判決録には復刻版もあります。

　その後は，最高裁判例集となります。昭和 22 年（1947 年）の第 1 巻が最初です。明治 28 年以前にも，いくつかの大審院の判例集はありましたが，系統だった編年的な判例集ではありませんでした。一時期の補遺版もあります（「明治前期大審院判決録（明治 8〜20 年）（明治 24〜28 年）」，「大審院裁判例（昭和 2〜13 年）」，「大審院判決全集（昭和 9〜11 年）」）。また，「大審院判決抄録」もあって，刑事は明治 24 年から，民事は明治 31 年（判決録 4 輯）から，大審院判決録を復刻しています（大正 10 年まで。93 巻）。ついでながら，行政裁判所判決録は，明治 23 年から昭和 22 年までです（58 輯まで）。

53

第5講　判例の意味と調べ方，読み方

　判例集も図書館でぜひ現物をみてもらいたいものです。1947 年（昭和 22 年）の 1 巻から数年間，英文の目次がついています（図書館により製本時に捨てている場合があります）。最近であれば，グローバル化による情報発信の点から考えて不思議ではありませんが，なぜ一番古い時期にそうなったのでしょうか。日本の占領期間中の措置として，日本が主権を回復するまでの間だったのです（1951 年 9 月 8 日に，サンフランシスコ平和条約が締結され，1952 年 4 月 28 日に発効。独立の回復）。ちなみに，判例集は目次だけが英文ですが，英文の官報もあります。

　最近は，データベースが完備されているので，判例集をそれでみる機会も多いでしょう。図書館の中をあちこち歩き回る必要がなくなり，検索は楽になったと思います。ただ，データベースによっては，最高裁判例は文字情報でも，大審院判例は画像データで入っているものもあります。画像データでは，レジメなどを作る際，必要なところをダウンロードするのに難しい場合もあるので，気をつけてください。

　民事判決録の読み方　民事判決録は，たいへん読みにくいのですが，それは，事実，判旨の区別がないためです。書き方はだいたい決まっていて，「上告論旨第一点ハ……」，「……ト云フニ在リ」，「然レトモ……」となっています。

　上告理由の中で，原判決はこういっているが，おかしいと主張して上告しているのです。つまり，上告理由の中に，原判決と上告人の主張が入っているわけで，それを大審院が引用しています。

　それに対する判断で，「しかし，……」と，大審院自体の見解が述べられているのです。それらが段落もなく連続して書かれているので，わかりにくいのです。だらだら続くのは，モデルとなったフ

54

ランスの破棄院の判決の形式 attendu que...（…のゆえに）に倣っ
たからです。これに比べると，現在の最高裁判例集は，1，2，3と
番号をふって，段落もあるので，たいへん読みやすくなっています。
（法律新聞にも，「理由」中に上告理由や事実の記載があり，「判決理由」
が大審院の理由です。ほぼ大審院判決録の形式に近いものです。たとえ
ば，カフェー丸玉事件＝大判昭和 10・4・25 法律新聞 3835 号 5 頁，昭和
10 年 5 月発行）。

民事判決集　末弘厳太郎博士が，この判決録の形式を，大正 10
の形式変更　年に批判しました（判例民法・大正 10 年度「序」）。そ
こで，大審院は，形式を改めて，翌年から「判例集」にしたのです。
判例集には，判決録になかった「事実」の要旨が記載されることに
なり，事実と理由が分けられています。判決の記載の後に，順に
「判示事項」「判決要旨」「事実」「上告理由」「判決理由」が記載さ
れています。ただし，末弘博士は，大審院判例集の事実の記載が簡
潔すぎ，「具体的事実」が顧みられていないと批判しています。そ
して，「判例に因って法律が出来る」ことは，「裁判所が法律を作
る」こととは違うといっています（判例民法・大正 11 年度「序」）。
大審院は，判例によってルールが形成されることについて，抽象的
なルールの立法ととらえたのです。そこで，事実の記載も抽象的な
判決要旨を説明するのに必要な事実のみにとどまっています。その
意味については，ゼミなどでも考えてもらいたいと思います。

　大審院判例集は，第 7 巻（昭和 3 年）からは，参照として，原審
の事実と理由が，場合によっては，1 審，2 審の事実と理由も掲載
されるようになっています。大審院の判決は，「判示事項」「判決要
旨」「事実」「理由」と整理されています。原審の追加までに時間が
かかったのは，大審院が面子を考えたのかもしれません。当然のこ

第5講　判例の意味と調べ方，読み方

となから，7巻からは，6巻までより本が厚くなっています。

　ここで，注意しなければならないのは，判例集記載の「事実」は，裁判所が認定した事実ではないことです。当事者の主張する事実が書かれているだけです（上告人と被上告人の主張の要旨と原審の簡単な結論）。裁判所の認定した事実は，「理由」の中に，裁判所の判断とともにあります。それでも，下記の宇奈月温泉事件のように，1審，2審の事実と判断が掲載されるようになったので，かなり明確になりました（後述3参照）。

最高裁判例集の「事実」　最高裁判例集の場合は，「事実」は，最高裁の前提（事実審の認定）とした事実ですから，ただの当事者の主張ということではありません。公式判例集も，このように変遷しています。最高裁でも初期には，「論旨は」という書き出し部分がみられますが，これは，大審院の「上告論旨は」というのと同じです（たとえば，星嶺寮事件の最高裁判決。第6講4。本書で引用した部分よりも後ろにある）。

　最近の最高裁判例集は，当事者の主張も事件の経過も，非常に親切に整理されているので，理解するのは容易です。事件の整理の練習をするのであれば，少し古いものを選択することがベターです。ただし，きれいに整理されていても，別の見方ができないかを考えてみる必要のある場合もありますので，同時に下級審の判決文をみることも必要です。

文体　大審院の裁判例が読みにくいのは，文語・かたかな文にもよります。文語民法の時代には，比較的慣れていたと思いますが，口語化されてからは，文語・かたかな文を読む機会が減りました。句読点を付しながら，じっくり読むほかはありません。ゆっくり読めば，日本語ですから理解できるでしょう。音読して耳

56

から入るとわかることもあります。慣用句や，もって回った言い回しにも気がつくでしょう。二重否定が好きなのは，文語民法（177条）と同じです。「思うに」「蓋し」で始まる大時代的な用法も目につきます。試験答案でときどきみますが，まねをしてはいけません。法律の文は論理的で明解なことが核心であり，文学や科挙試験ではないので，装飾の必要はありません。

3 【判例】大判昭和 10・10・5 民集 14 巻 1965 頁（宇奈月温泉事件）〔百 I・1〕

権利の濫用に関する著名な事件です。著名な事件には，あだ名がついています。裁判例は，掲載誌の巻号で特定するのですが（同日に，いくつも判決を下すので），あだ名は，日にちよりも明確で，すぐに特定できます。

〔事実〕 宇奈月温泉の湯は，Y 鉄道会社の 7.5km の引湯管によって源泉から引かれていた。X は，引湯管が A の土地上を 2 坪ほどかすめていたことから，A から土地 100 坪を買い受け，さらに周辺の荒地 3000 坪を買い受け，坪単価 7 円総額 2 万円で，買い受けるよう Y に求めた。Y がこれを拒否したことから，所有権にもとづく妨害排除を請求した。原審で，Y 勝訴。X から上告。

〔判決〕 上告棄却。「所有権に対する侵害又は其の危険の存する以上，所有者は，斯る状態を除去又は禁止せしむる為め，裁判上の保護を請求し得へきや勿論なれとも，該侵害に因る損失云ふに足らす，而も侵害の除去著しく困難にして，縦令之を為し得とするも莫大なる費用を要すへき場合に於て，第三者にして斯る事実あるを奇貨とし，不当なる利得を図り，殊更侵害に関係ある物権を買収せる上，一面に於て侵害者に対し侵害状態の除去を迫り，他面に於ては該物件其の他の自己所有物件を不相当に巨額なる代金を以て買取られたき旨の要求を提示

第5講　判例の意味と調べ方，読み方

し，他の一切の協調に応せすと主張するか如きに於ては，該除去の請求は，単に所有権の行使たる外形を構ふるに止まり，真に権利を救済せむとするにあらす。即ち，如上の行為は，全体に於て，専ら不当なる利益の摑得を目的とし，所有権を以て其の具に供するに帰するものなれは，社会観念上，所有権の目的に違背し，其の機能として許さるへき範囲を超絶するものにして，権利の濫用に外ならす。従て，斯る不当なる目的を追行するの手段として，裁判上侵害者に対し，当該侵害状態の除去並将来に於ける侵害の禁止を訴求するに於ては，該訴訟上の請求は外観の如何に拘らす，其の実体に於ては保護を与ふへき正当なる利益を缺如するを以て，此の理由に依り，直に之を棄却すへきものと解するを至当とす」（ひらがなに改め，句読点を追加）。

4 【判例】大判大正8・3・3民録25輯356頁（信玄公旗掛松事件）〔百I・2〕

これも，権利の濫用に関する事件です。同時に，公害事件の先駆ともいわれる事件です。

〔事実〕　Xは，中央線日野春駅近くに「信玄公旗掛」の松を有していたが，機関車の煤煙がために枯死した。Xは，国Yが近くに線路を作り，機関車の入れ換えをしたことによるとして，損害賠償を請求した。原審がこれを認めたので，Yから上告。

〔判決〕　棄却。「凡そ社会的共同生活を為す者の間には，1人の行為が他人に不利益を及ぼすことあるは免るべからざる所にして，此場合に於て，常に権利の侵害あるものと為すべからず。其他人は，共同生活の必要上之を認容せざるべからざるなり。然れども，其行為が社会観念上被害者に於て認容すべからざるものと一般に認めらるる程度を越へたるときは，権利行使の適当なる範囲にあるものと云ふことを得さるを以て，不法行為と為るものと解するを相当とす」（ひらがなに改め，句読点を追加）。

宇奈月温泉事件との相違について，考えてください。要件・効果ともに比較してください。

5 判例研究や報告の形式

レジメの作り方 ゼミの報告では，レジメを作ります。スムーズな説明に役立てたり，資料的な価値を付加したりするためです。素材によっては，図やグラフなど，目で見た方がわかりやすいものもあります。かつてはスライドもありましたが，最近はパソコンを使う場合もあります（教員によっては，パソコンの練習も兼ねさせる場合があります。企業では，会議資料は電子式に作るのが普通です）。

判例研究や報告は，だいたいの形式が決まっています。ゼミの報告も，基本的には同じです。ただし，民事と刑事ではやや違う点もあります（XY や ABC の表示など）。

大きく分けると，表題の部分，事実，判旨，評釈（解説）となります。

表題部は，最初に，たとえば，「宇奈月温泉事件」があり，ほかに，法廷名や判決年月日が来ます。

次に，掲載誌です。複数の掲載誌があるときには，公式判例集が先に来て，順に，判時，判タ，その他の法律雑誌が来ます。官尊民卑のようですが，裁判は「国」が行いますし，私的な雑誌はなくなることもありますから，慣習に従いましょう。

事実の部では，まず，事実審の確定した事実，原告 X と被告 Y の主張が明確になることが必要です。次いで，1 審，原審の判断，さらに，上告理由が来ます。

当事者は，原告 X，被告 Y，その他の者を ABC で表示するのが一般的です。ただ，これは私法関係で，刑法では異なります。授業

59

第5講　判例の意味と調べ方，読み方

の時に注意して黒板をみてください。なお，ＸＹなどの表示は，「　」書きの判決文の引用部分でも転換します。「　」書きは，原文通りの正確な引用が原則ですが，「上告人」「被上告人」で書かれると不明瞭なので，当事者の表示だけは変更します。

　ゼミなどでは，事実関係を図示する場合もあります。事実関係は，当事者間の紛争が明確になるように整理してください。

　次に，原告Ｘが，被告Ｙに何を請求したのか（貸金の返還請求，損害賠償，妨害排除など），それに対して，被告Ｙがどう答えたのか（借りていないとか，返したとか），さらに，それに対して，原告はどう答えたのか，とわかるように整理してください。ボールゲームをしているように，球の行き来がわかることが大切です。

　Ｘ・Ｙの主張も，どういう法律上の理由によっているか，わかるように整理してください。法律上の請求には，法律上の根拠が必要です。具体的には，その主張がどの条文を根拠にしているかが，わかるように記述してください。

　判旨の部では，どう判断されたか（上告棄却，破棄自判，原判決差戻など）と，判決文の内容が必要です。判決文は正確に，原文通りの場合は，「　」で引用します。最近は，データーベースから落とすので，「上告人」「被上告人」がそのままになっている場合がありますが，不十分です。どちらが勝ったかにより変わるので，「控訴人」「被控訴人」は，1審のＸ・Ｙに合わせて置き換える必要があります。

　事実審の場合には，当事者の争いに対し，裁判所がどう事実を認定したかがわかることが必要です。

　最高裁は法律審ですから，基本的に原審の事実認定を前提に，法律上の判断をします（例外的に，原審の事実認定がおかしいときに破

5　判例研究や報告の形式

棄差戻をして，事実認定をやり直させることがあります）。そこで，裁判所が，原告の請求についてどう判断したか，またその理由は何かを記述します。

判決は，必ずしも全員一致とは限りません。最高裁では，裁判官ごとの判断が明示されます。判決の基礎になった見解は，法廷意見といいます。多数決の側面からみれば，これは多数意見で，反対説は少数意見となります。議論の分かれる論点だと，補足意見がつく場合もあります。小法廷で3対2，大法廷で8対7となると，反対意見にも，かなりスペースを割くべきでしょう。利息制限法の大法廷判決のように，短期間で変更される場合もあるからです（元本充当を否定した最判昭和37・6・13民集16巻7号1340頁，充当を肯定した最判昭和39・11・18民集18巻9号1868頁，過払金の返還請求を肯定した最判昭和43・11・13民集22巻12号2526頁）。

基本的には，多数意見を中心に記述しますが，これだけに価値があると思って，他の意見を無視してはいけません。補足意見でも，どう違うのかを明らかにする必要があり，また，その作業をすることが報告者の理解を深めます。

評釈や検討の部では，まず，当該判決の意義（判例・学説における位置づけ）や，問題点の指摘，ポイントが来ます。次いで，それらの問題点に関する従来の判例・学説の検討をします。さらに，その判決の評価をしたり，射程をはかることになります。

判例を引くといっても，データベースからやみくもに引いても意味はなく，当該判決の基礎になったものとか，判例変更の場合なら，逆に従来はどうなっていたかが重要です。労働法などでは下級審にも重要なものがありますが，民法では，原則として大審院や最高裁の判例を引くべきでしょう。

61

学説も，適当に引くと，反対説や少数説ばかりになって，全体の状況がわかりません。従来どういう説が並列していて，その判決がどれによったのか，どれにもよらなかったのか，重要な影響を与えた説があったのか，逆に，従来は何が見落されていたか，がわかるように検討します。

付け加えて，参考文献を入れる場合もあります。その判決に関する解説や評釈ですが，それがない場合には，判決の1審・原審に関する解説や評釈を付加することもありますし，何もないような場合には，資料とか著名なテキストを示す場合もあります。

ゼミで使うようなテキストには，必ず参考文献が載っています。参考文献として掲載されるものは最低限のものですから，必ず調べてください。

判例検討の意義　判例を検討することの意義は，いろいろといわれていますが，第1に，実定法の補充です。抽象的な法律の条文を具体化する意義があります。第2に，社会の進展が早い今日，新しい問題が生じたときにどう解するか，その手順を示す意味があります。さらに，学者や実務家の場合には，新たな理論の提言でもありますが，ゼミの場合には，発表，プレゼンテーションの練習という意味があります。教科書的な理解を深めることにも役立ちます。

プレゼンテーションでは，時間の配分なども考えてください。発表時間が60分あるのに10分で終われば，内容不足です。試験答案でも，30行の答案用紙に3行しか書かなければ，0点でしょう。レジメにも良し悪しがあります。効果的な原稿にしましょう。発表自体も，ちゃんと準備してきてください。その場で，資料を探すとか，テキストを探すようなことは止めてください。

難しい文の丸読みではなく，自分の言葉にして，考えながら話し

てください。自分がわからないことは，他人にはもっとわかりません。理解した上で報告してください。理解していない報告は，無責任です。報告には，下調べの努力が反映されます。まずい報告は，必ず準備不足です。他人のまずい報告をみたら，どこが悪いのか気をつけて参考にしましょう。人のふりを見て，自分を正すことが必要です。逆にいえば，レジメをみれば，人柄と努力が反映されています。企業が，最近は，長いエントリーシートを出させるのと，これは同じことです。

報告の要点　レジメを作らない報告の場合でも，発表は，上の判例研究の形式に準じて，きちんと整理してくることが必要です。報告する内容を全部紙に書くことも，書いてきたものを全部読むことも不要です。また，討論では，一方的に自分の意見だけをいうのではなく，他人の意見を引き出して，時間をもたせるとか，質問事項を用意してくるなどの工夫が必要です。

　基本的な知識は，各自が講義のさいに利用したテキストを出発点にすれば足りるでしょう。報告のさいには，厚手の体系書が図書館にあります。民法で，もっとも大部なのは，注釈民法，新版注釈民法，新注釈民法のシリーズで，これは，コンメンタールといって，条文ごとに解説がありますから，担当箇所の検索は容易でしょう。ただし，新注釈民法のシリーズは，未完です（3，4 冊のみ刊行）。少し沿革的にも検討しようという場合には，我妻栄『民法講義』，同『民法案内』のシリーズをみることが不可欠です。

　判例が教材の場合には，たとえば，判例百選や解説書の各判例の「参考文献」が出発点になります。最高裁の判例なら，「最高裁判例集」登載のものには，調査官解説（法曹会『最高裁判所判例解説』民事，刑事，昭和 29 年〜。毎年 1 冊。2 分冊の年もある）があります。

63

調査官は，それぞれの判決が出されるにあたって下準備をしているので，判決のポイントが述べられています。インターネットや予備校のテキストの1行解説などで代用することは止めてください。それでは調べたことにはなりません。

2004年に，ロースクールができる前の議論で，大学生が，大学のテキストではなく，予備校のテキストばかり読んでいるという話がありました。予備校のテキストは，一見すると，整理されていて，多色刷り，図解もついていて便利です。勉強の最後のまとめに用いるなら意味があるでしょうが，しかし，マニュアルだけでは力はつきません（穴埋め問題が限界でしょう）。

文章答案の書き方　文章で書く答案の書き方は，レジメに準じています。答案は，小さくても論文の一種です。ふだんから文章を書く練習をしておきましょう。文の書き方は，目的によって異なります。レジメは，人にわからせるための資料で，答案は，試験官に自分が理解していることをわからせる文です。いずれも，自分がわかっていることが前提です。内容的なことは，千差万別ですが，技術的なことは定型的に決まっています。文章を書くさいの「基本マナー」（句読点の打ち方，話し言葉と書き言葉の区別，論文の言い回し（～である））があります（試験答案の書き方は，成田博『民法学習の基礎』（2014年，有斐閣）27頁以下に詳しいのですが，これは，ややむずかしい論文試験を念頭に書かれています。穴埋め問題などについては，後述）。

わが国では，小中学校で，文学の文章ばかり教えて，実用文の書き方をほとんど教えません。そのせいか，段落のない答案，行頭を開けない答案も，たくさんあります。小さな字で，こそこそ書く答案は，いかにも自信がなさそうです。人に読んでもらおうという気

があるのか疑問になるものが目につきます。書きなぐった答案は，必ず損をします。あいまいに書いておけば，いい方に読んでくれるようなことは絶対にありません。

　文章の書き方の本では，理工系の作文技術書にすぐれたものがあります（たとえば，木下是雄『理工系の作文技術』(1981年，中央公論社))。①よく使われる文の形，②よく使われる語と表現，③引用，④句読点，⑤表記規則，⑥まとめの練習，と整理されています。文学的な作文の指南書は，あまり役に立ちません。文学表現は，指南書で身につくものではなく，そもそも実用文には不要です。法律（広く実用文）の文章は，一義的に明確なことが必要です（立ち入りませんが，能動態，肯定形の叙述で，明確，簡潔が基本です）。明解な文章は，たんに技術にとどまるものではなく，論理の明確さにもつながるのです。

　ほかに，日本語の表現に疑問のある場合，留学生向けの日本語のテキストを見ると，わかりやすいものが多いようです。「国語」の独自性が強調されておらず，世界に通用する文法で説明してくれるからです。

　その他の答案作成方法　なお，試験には，穴埋め問題というのもあります。これの対策は，テキストをよく読む以外にはありません。

　選択式問題でも，正解を選ぶものなら，穴埋め問題と同じでしょう。ひっかけにのらないとか，判例を覚えるとかが対策です。技術的には「必ず」というのはあぶないというものもあります。

　論述式の一行問題の場合には，基本的な知識・概念を修得することが必要でしょう。

　論述式の事例問題は，当事者をX，Yとして具体例を解かせる

65

第 5 講　判例の意味と調べ方，読み方

ものです。基本的知識にプラス応用力が必要です。六法全書の持ち込みが認められるのは，この場合です。これについては，「答案の書き方」もありますので，参考にしてください（成田・前掲書 27頁）。

　一つ注意しておきますが，メルクマール（Merkmal）は，目印，目標，特徴という意味の元ドイツ語です。法律の授業や文章には，よく出てきます。

第6講　紛らわしい法律用語

1　意思能力と行為能力

基本的知識　数年前に，ロースクールの未修者の進級試験（1年から2年の間にするもの）をしたところ，案外，基本的な知識がないことがわかりました。未修者というのは，初めて法律の勉強をする人ですから，学部の1年生と同じです。人の能力の3種類（権利能力，意思能力，行為能力）について説明しなさいというものでした。2つしか挙がらなかったり，あるいは説明があやふやでした。

この問題は，民法の法文が改正されて，意思能力の規定が明文化されたので，やさしくなりました。設例形式の試験だと，細かな知識がなくても，もっともらしく書ける場合もあり，あまり差もつかないことがありますが，この種の1行問題だと，知らないと致命的です。最低限の知識は必要ですから，知識を確実にすることが必要です。

また，用語の問題ですが，判決，判例，裁判例，裁判などの違いについても注意してください。適当に使う人がいますが，それぞれ意味が違います。判旨，判示なども気をつけましょう。

意思無能力　【判例】大判明治 38・5・11 民録 11 輯 706 頁〔百 I・5〕

〔事実〕　Yの先代Aは，約束手形を振出し，Xがこれを取得した。Aは手形振出の当時，禁治産の宣告をうけていなかったが，意思能力はなかった。Xの手形上の請求に対し，原審は，Aの手形振出行為は，意思のないときにされたもので無効とした。Xが上告した。

67

第 6 講　紛らわしい法律用語

〔判決〕　棄却。「法律か，禁治産者等無能力者を特定し，其行為を取消すことを許したるは，無能力者の利益を保護せんか為め，意思欠缺の事実を証明することなく，当然之か取消を為すことを得せしめたるものにして，此等無能力者に非さるものの行為は，絶対に其効力を有するの趣旨に非す。故に例へは禁治産宣告前の行為たりとも，事実上意思能力を有せさりしときは，其行為は無効たるへく，又之と等く，縦令禁治産中に為したる所為たりとも，全く意思能力を有せさる事実あるに於ては，何等取消の意思を表示することなく，当然無効たるへきは誠に明白なる法理なりとす」（ひらがなに改め，句読点を追加）。

以下の場合の違いを考えてください。それぞれ，どんな問題が生じるでしょうか。

①　行為能力があるが，意思能力はない。

②　行為能力がないが，意思能力はある。

2　取消権と特権

未成年者は，制限行為能力者とされています。2022 年に，成年年齢の引下げが行われますが，20 歳を成年とすると，大学生でも，新入生は未成年者になります。不快がる人もいますが，未成年は一種の特権でもあります（Lex succurrit minoribus.）。大学では，未成年者であるかどうかにかかわらず，学生を対象に，詐欺商法にあわないように注意喚起をしています。

契約は，2 当事者で形成するものですから，一方的に理由なしに止めることはできません。民法総則の取消は，法律行為の形成過程に問題があることを理由として，債権法の解除は，相手方の債務不履行を理由として，それぞれ認められています。

民法の詐欺・強迫（96 条），消費者契約法の誤認・困惑（4 条）による取消などは，実際には，そう簡単に成立するものではありませ

ん。消費者保護法規には，クーリングオフの規定があることもありますが，契約上，一般的なものではありません。

3　妻の無能力

民法の　明治民法 14 条にあった妻の無能力は，戦後削除されま
規定　した。旧規定をみる機会はあまりないと思いますので，
掲げておきます。少し文語文にも慣れてもらいたいこともあります。

14 条「妻カ左ニ掲ケタル行為ヲ為スニハ，夫ノ許可ヲ受クルコ
　　トヲ要ス
　　　一　第 12 条第 1 項第 1 号ナイシ第 6 号ニ掲ケタル行為ヲ為
　　スコト〔12 条は，準禁治産者の行為＝現在の 13 条，保佐人の同意
　　を要する行為と同じ〕
　　　二　贈与若クハ遺贈ヲ受諾シ又ハ之ヲ拒絶スルコト
　　　三　身体ニ覊絆ヲ受クヘキ契約ヲ為スコト
　　　前項ノ規定ニ反スル行為ハ，之ヲ取消スコトヲ得」（句読点
　　を追加）

つまり，妻は，準禁治産者と同じに扱われたのです。これは，旧
民法に由来する規定です。旧民法人事編 68 条には，「婦ハ夫ノ許可
ヲ得ルニ非サレハ，贈与ヲ為シ之ヲ受諾シ，不動産ヲ譲渡シ之ヲ担
保ニ供シ，借財ヲ為シ，債権ヲ譲渡シ之ヲ質入シ，元本ヲ領収シ，
保証ヲ約シ，及ヒ身体ニ覊絆ヲ受クル約束ヲ為スコトヲ得ス。又和
解ヲ為シ，仲裁ヲ受ケ及ヒ訴訟ヲ起スコトヲ得ス」としていました
（句読点を追加）。民法典論争では，「家」や家族のあり方も論点とな
りましたが，批判された旧民法もさほど開明的ではなく，明治民法
と大差なかったわけです。

戦後，新憲法が制定されるときに，親族・相続編の大改正が行わ

れ，14 条は削除されました。新憲法は，男女平等を定めたからです（憲法 24 条）。

家族法の大改正といっても，実際は，明らかに不平等な規定，たとえば，家とか戸主，家督相続の規定を，合わせて 100 条ほど削除しただけで，他の変化は少なく，民法には新たに第 2 条が追加されました。第 1 条の信義則や権利の濫用の禁止も追加されたので，旧 1 条は，現在の 3 条になりました。ただし，その時点では，現在の第 2 条が 1 条ノ 2 で，現在の第 3 条が 1 条ノ 3 でした。条文の数字を全面的に改めたのは，2004 年の民法の口語化の時です（六法全書では，平 17 年版から修正されています）。

1 条ノ 2 「本法ハ個人ノ尊厳ト両性ノ本質的平等トヲ旨トシテ之ヲ解釈スヘシ」。

これが，憲法 24 条，とくにその 2 項にもとづくことは，文言からも明らかでしょう。

24 条 2 項 「配偶者の選択，財産権，相続，住居の選定，離婚並びに婚姻及び家族に関するその他の事項に関しては，法律は，個人の尊厳と両性の本質的平等に立脚して，制定されなければならない」。

明治民法の存続 憲法が，法の基本であることは当然ですが，民法のように，国民の基本的な権利関係を定めるものも，法体系の根幹の 1 つです（私法の一般法）。そうすると，封建的なプロイセン憲法に倣った明治憲法の下で成立した明治民法が，現在まで存続していることは不思議でしょう。理由はいろいろありますが，1 つには，明治民法が，大正の後半（1920 年代）に，解釈上，かなりドイツ民法の影響をうけたことがあります。そのドイツ民法は，当時世界一民主的といわれたワイマール憲法の下にありました。その

自由主義的な解釈が影響した結果，日本の民法にも，小市民的な特徴が付加されました。こうした解釈は，戦後の時代にも適合し，長い命を吹き込んだものと思われます。ただ，2000年代からは，貧困ビジネスなどのグローバリズムの負の影響が高まっています。

裁判例 旧法下で，黙示の意思表示の構成で，妻の無能力を回避した裁判例をあげておきます。

【判決】大判大正 9・9・1 民録 26 輯 1227 頁

〔事実〕夫 A が，明治 40 年，アメリカに出稼ぎに行き，妻子に対する送金をしなかったので，妻 Y が，X から合計 35 円を借りたケースである。当時の民法では，妻は無能力者で，借財には，夫の許可が必要とされていた。原審で，X 敗訴（夫の許可なく，Y の取消を有効とした）。

〔判例〕破棄差戻。「妻に於て一家の生活を維持し子女の教養を全ふするが為めに必要なる程度に於て借財を為し以て一家の生計を維持することは，夫に於て予め之を許可し居りたるものと認むべきは，条理上当然」（ひらがなに改め，句読点を追加）。

4　住所に関する最高裁判決

【判決】最判昭和 29・10・20 民集 8 巻 10 号 1907 頁（星嶺寮事件）

〔百 I 第 3 版・7〕

〔事実〕X ら学生は，両親から離れて a 村内の茨城大学の星嶺寮（E 寮）にいて在学し，学資の大半も父母からの仕送りによっていることから，Y 選挙管理委員会は，X らの住所は郷里にあるとして，選挙権も郷里にあるとした。異議申立を棄却された X らは，住所が星嶺寮にあるとして，本訴を提起した。原審では X が勝訴。Y から上告。

〔判決〕棄却。「本訴の争点は，X ら 47 名が昭和 28 年 9 月 15 日現在において，その日まで引続き 3 箇月以来 a 村の区域内に住所を有し

ていたかどうかの一点にあるのである。そこで原判決が確定した事実によれば，同人等は茨城大学の学生であつて，a村内にある同大学附属E寮にて起臥し，いずれも実家等からの距離が遠く通学が不可能ないし困難なため，多数の応募学生のうちから厳選のうえ入寮を許され，最も長期の者は4年間最も短期の者でも1年間在寮の予定の下に右寮に居住し本件名簿調製期日までに最も長期の者は約3年，最も短期の者でも5ヶ月間を経過しており，休暇に際してはその全期間またはその一部を郷里またはそれ以外の親戚の許に帰省するけれども，配偶者があるわけでもなく，又管理すべき財産を持っているわけでもないので，従つて休暇以外は，しばしば実家に帰る必要もなく又その事実もなく，主食の配給も特別の場合を除いてはa村で受けており，住民登録法による登録も，本件名簿調製期日にはB外5名を除いては同村においてなされていたものであり，右6名も原判決判示のような事情で登録されていなかつたに過ぎないものというのである。以上のような原判決の認定事実に基けば，Xらの生活の本拠は，いずれも，本件名簿調製期日まで3箇月間はa村内E寮にあつたものと解すべく，一時的に同所に滞在または現在していた者ということはできないのである。従つて原判決がXらは本件a村基本選挙人名簿に登録されるべきものとし，これに反するY委員会のした決定を取り消したのは正当であるといわなければならない」。

この裁判例からは，いろいろな点が窺えます。住所の規定が，公法も含めてかなり一般的な性格をもつこと，また，私法では，任意法規で（民484条），複数説も成り立つわけですが，法の目的によりかなり異なることなどです。この点については，議論してみて下さい。六法全書をみて弁済，相続，訴訟，公職選挙，税法などを参照して，それぞれにおける住所単一説，複数説の可否を考えてください。

住民登録 　この判例は，客観説とみられていますが，いちおう住民登録を参考材料にしています。主観的要素をまったく無視しているわけではありません。

　その後，住所が耳目を集めた事例としては，2004 年に，長野県知事が「好きな自治体に住民税を納めたい」として長野市に自宅マンションを残したまま，泰阜村に住民票を移し，村選管が知事を選挙人名簿に加えたのに対し，長野市選管が「村に生活実態はない」として，名簿から抹消しなかった例があります。結果，二重登録が生じ，長野地裁は，村選管の登録決定を取り消し，最高裁もこれを支持しました（知事の上告棄却）。これは，主観説による主張が否定されたものです。ただ，税については，その後，ふるさと納税の制度ができ，好きな自治体を選別できるようになりました。

公園の住所性 　近時問題となるのは，公園でテント生活をする場合の住所です。大阪地裁は公園を住所と認め，高裁はこれを否定しました。最高裁も，住所性を否定しました。

【判例】最判平成 20・10・3 判時 2026 号 11 頁

　〔判決〕上告棄却。「都市公園法に違反して，都市公園内に不法に設置されたキャンプ用テントを起居の場所とし，公園施設である水道設備等を利用して日常生活を営んでいることなど原審の適法に確定した事実関係の下においては，社会通念上，上記テントの所在地が客観的に生活の本拠としての実体を具備しているものと見ることはできない。上告人が上記テントの所在地に住所を有するものということはできない」。

法人の住所 　また，法人の住所は，主たる事務所の所在地にあるものとされます（一般社団 4 条）。主たる事務所の所在地で登記され成立するからです。ただし，どこが主たる事務所かは，設立

者によって決定されることから，税法の適用を考慮した上で便宜地におかれることもあり，タックスヘイブンの利用などの問題を残しています。自然人とのバランスが必要でしょう。

第7講　理論と実用性

法人論　法学上の議論や概念には，必ず実用的な意味があります。議論が分かれているときには，何か実際上の相違があるのだと考えてください。実益論だけが全部ではありませんが，重要な要素であることも事実です。日本では不当利得の類型論で名高いケメラー（Ernst von Caemmerer, 1908.1.17-1985.6.23）は，学生に，事例の実際的な意味がどこにあるのかを問うのが常であったといわれます（Wo liegt die praktische Spitze?）。この人の名前は，債権各論の講義で聴くかもしれません。

1年生向けの講義だと，民法総則では，法人論があります。法人擬制説や法人実在説は，今日では，そう大きな相違を生じませんが，それでも，法人の目的となると，法人の種類によって，かなり大きな相違がみられます。権利能力なき社団は，一般法人法の制定によってだいぶ意味を減じましたが，それでも，団体の構成員の責任をどこまで認めるかという議論では，社団と民法上の組合では，大きな相違があります。大学祭の時にサークルでする営利活動をモデルにし自分に引きつけて，考えてみましょう。

裁判例　【判例】最判平成8・3・19民集50巻3号615頁（南九州税理士会事件）〔百Ⅰ・7〕

〔事実〕税理士法にもとづく法人Y（南九州税理士会）は，税理士法改正のため，会員から特別会費を徴収し，A政治団体に寄附する総会決議をした。Xは，Aへの寄附がYの目的の範囲外の行為で，総会決議の無効を主張し，決議無効，特別会費の納入義務の不存在の確認を求めた。原審は請求を棄却。Xから上告。

75

第7講　理論と実用性

〔判決〕　原判決破棄，自判（請求認容）。「1　税理士会が政党など規正法上の政治団体に金員の寄付をすることは，たとい税理士に係る法令の制定改廃に関する政治的要求を実現するためのものであっても，法49条2項で定められた税理士会の目的の範囲外の行為であり，右寄付をするために会員から特別会費を徴収する旨の決議は無効であると解すべきである。すなわち，

（一）　民法上の法人は，法令の規定に従い定款又は寄付行為で定められた目的の範囲内において権利を有し，義務を負う（民法43条）。この理は，会社についても基本的に妥当するが，会社における目的の範囲内の行為とは，定款に明示された目的自体に限局されるものではなく，その目的を遂行する上に直接又は間接に必要な行為であればすべてこれに包含され（最高裁昭和24年（オ）第64号同27年2月15日第2小法廷判決・民集6巻2号77頁，同27年（オ）第1075号同30年11月29日第3小法廷判決・民集9巻12号1886頁参照），さらには，会社が政党に政治資金を寄付することも，客観的，抽象的に観察して，会社の社会的役割を果たすためにされたものと認められる限りにおいては，会社の定款所定の目的の範囲内の行為とするに妨げないとされる（最高裁昭和41年（オ）第444号同45年6月24日大法廷判決・民集24巻6号625頁参照）。

（二）　しかしながら，税理士会は，会社とはその法的性格を異にする法人であって，その目的の範囲については会社と同一に論ずることはできない。

税理士は，国税局の管轄区域ごとに1つの税理士会を設立すべきことが義務付けられ（法49条1項），税理士会は法人とされる（同条3項）。また，全国の税理士会は，日税連を設立しなければならず，日税連は法人とされ，各税理士会は，当然に日税連の会員となる（法49条の14第1，第3，4項）。

税理士会の目的は，会則の定めをまたず，あらかじめ，法において直接具体的に定められている。すなわち，法49条2項において，税理

第7講　理論と実用性

士会は，税理士の使命及び職責にかんがみ，税理士の義務の遵守及び税理士業務の改善進歩に資するため，会員の指導，連絡及び監督に関する事務を行うことを目的とするとされ（法49条の2第2項では税理士会の目的は会則の必要的記載事項ともされていない。），法49条の12第1項においては，税理士会は，税務行政その他国税若しくは地方税又は税理士に関する制度について，権限のある官公署に建議し，又はその諮問に答申することができるとされている。

また，税理士会は，総会の決議並びに役員の就任及び退任を大蔵大臣に報告しなければならず（法49条の11），大蔵大臣は，税理士会の総会の決議又は役員の行為が法令又はその税理士会の会則に違反し，その他公益を害するときは，総会の決議についてはこれを取り消すべきことを命じ，役員についてはこれを解任すべきことを命ずることができ（法49条の18），税理士会の適正な運営を確保するため必要があるときは，税理士会から報告を徴し，その行う業務について勧告し，又は当該職員をして税理士会の業務の状況若しくは帳簿書類その他の物件を検査させることができる（法49条の19第1項）とされている。

さらに，税理士会は，税理士の入会が間接的に強制されるいわゆる強制加入団体であり，法に別段の定めがある場合を除く外，税理士であって，かつ，税理士会に入会している者でなければ税理士業務を行ってはならないとされている（法52条）。

（三）　以上のとおり，税理士会は，税理士の使命及び職責にかんがみ，税理士の義務の遵守及び税理士業務の改善進歩に資するため，会員の指導，連絡及び監督に関する事務を行うことを目的として，法が，あらかじめ，税理士にその設立を義務付け，その結果設立されたもので，その決議や役員の行為が法令や会則に反したりすることがないように，大蔵大臣の前記のような監督に服する法人である。また，税理士会は，強制加入団体であって，その会員には，実質的には脱退の自由が保障されていない（なお，前記昭和55年法律第26号による改正により，税理士は税理士名簿への登録を受けた時に，当然，税理士事

77

第 7 講　理論と実用性

務所の所在地を含む区域に設立されている税理士会の会員になるとされ，税理士でない者は，この法律に別段の定めがある場合を除くほか，税理士業務を行ってはならないとされたが，前記の諸点に関する法の内容には基本的に変更がない。）。

税理士会は，以上のように，会社とはその法的性格を異にする法人であり，その目的の範囲についても，これを会社のように広範なものと解するならば，法の要請する公的な目的の達成を阻害して法の趣旨を没却する結果となることが明らかである。

（四）　そして，税理士会が前記のとおり強制加入の団体であり，その会員である税理士に実質的には脱退の自由が保障されていないことからすると，その目的の範囲を判断するに当たっては，会員の思想・信条の自由との関係で，次のような考慮が必要である。

税理士会は，法人として，法及び会則所定の方式による多数決原理により決定された団体の意思に基づいて活動し，その構成員である会員は，これに従い協力する義務を負い，その1つとして会則に従って税理士会の経済的基礎を成す会費を納入する義務を負う。しかし，法が税理士会を強制加入の法人としている以上，その構成員である会員には，様々の思想・信条及び主義・主張を有する者が存在することが当然に予定されている。したがって，税理士会が右の方式により決定した意思に基づいてする活動にも，そのために会員に要請される協力義務にも，おのずから限界がある。

特に，政党など規正法上の政治団体に対して金員の寄付をするかどうかは，選挙における投票の自由と表裏を成すものとして，会員各人が市民としての個人的な政治的思想，見解，判断等に基づいて自主的に決定すべき事柄であるというべきである。なぜなら，政党など規正法上の政治団体は，政治上の主義若しくは施策の推進，特定の公職の候補者の推薦等のため，金員の寄付を含む広範囲な政治活動をすることが当然に予定された政治団体であり（規正法3条等），これらの団体に金員の寄付をすることは，選挙においてどの政党又はどの候補者を

第 7 講　理論と実用性

支持するかに密接につながる問題だからである。

　法は，49条の12第1項の規定において，税理士会が，税務行政や税理士の制度等について権限のある官公署に建議し，又はその諮問に答申することができるとしているが，政党など規正法上の政治団体への金員の寄付を権限のある官公署に対する建議や答申と同視することはできない。

　（五）　そうすると，前記のような公的な性格を有する税理士会が，このような事柄を多数決原理によって団体の意思として決定し，構成員にその協力を義務付けることはできないというべきであり（最高裁昭和48年（オ）第499号同50年11月28日第3小法廷判決・民集29巻10号1698頁参照），税理士会がそのような活動をすることは，法の全く予定していないところである。税理士会が政党など規正法上の政治団体に対して金員の寄付をすることは，たとい税理士に係る法令の制定改廃に関する要求を実現するためであっても，法49条2項所定の税理士会の目的の範囲外の行為といわざるを得ない。

　2　以上の判断に照らして本件をみると，本件決議は，Yが規正法上の政治団体である南九各県税政へ金員を寄付するために，Xを含む会員から特別会費として5000円を徴収する旨の決議であり，Yの目的の範囲外の行為を目的とするものとして無効であると解するほかはない。」

営利法人に関する最大判昭和45・6・24民集24巻6号625頁（八幡製鉄政治献金事件）〔百I第6版・8〕を比較してみてください。

第8講　用語のあいまいなこと

1　ドーナツ理論，境界線上の概念

本質論　科学において，なぜ重力があるのか，なぜ光は光速なの
の性格　かなど，根本の理由は不明なことが多いと思います。根
本的には，わかる必要はないものもあります。その現象を正確に観
察（説明）できれば足ります。法律でも権利の本質は何かとか，法
や契約の拘束力の根源は何かなどが問題になります。古い法哲学で
はこうした問題をよく扱いましたが，見解が分かれて，確実な答え
は出てこないことも多いのです。

　多くの場合に本質論は思考実験には役立ちますが，現象の解明や
説明にはあまり役に立ちません。重力，色，温度はなぜあるのかを
次々に遡って考えていっても窮極の答えを出すのは困難です。昔は，
すべての根源は神でした。数学では，これを定理に置き換えます。
現象は観察可能ですし，その作用も解明できます。それで十分なの
であって，本質や，さらに周辺部の境目は，ぼけた印象です。いわ
ば，ドーナツ形なのです。

　権利も同じで，本質はむずかしく（主権者の命令とか，自主的な遵
法意識とか），周辺も不明なのです。古くからある所有権や債権は
確実ですが，環境権は新しく，嫌煙権となると争いがあります。

　もっとも，法の解釈は，たんなる自然の観察ではなく，政策や創
造の探求をも含むものですから，何が正義で，これをどう解するべき
かを探求することにも，もちろん意味があります。

1　ドーナツ理論，境界線上の概念

干潟の
所有権
　不動産などは明解に思えますが，土地の解釈でも，海陸の境目の干潟の所有権などは問題になることがあります。周辺部の不明確さといえます。

【判例】最判昭和61・12・16 民集40巻7号1236頁（田原湾干潟事件）

〔事実〕　Xらは，愛知県田原湾の干潟に登記簿上所有権を有していた。干潟は，江戸時代から干拓が行われており，係争地は，新田開発の許可をえただけで，干拓が行われないまま明治時代に地券が交付されたものである。県が干潟の埋立のため，海面下の土地に所有権は存在しないとして滅失登記の指導をし，登記官が滅失処分をしたことに対し，Xらが，滅失登記の取消を求めた。原審で，X勝訴。

〔判決〕　原判決破棄，Xの請求棄却。「本件係争地を含む前記8か村地先の海面については，Aが，安政5年に徳川幕府から新田開発許可を受け，地代金を上納して開発に着手したものの失敗に終つた，というのである。

徳川幕府の新田開発許可は，当該開発地につき，開発権を付与する性格のものであつて，後の民法施行により所有権に移行するところの排他的総括支配権を付与するものではない。新田開発許可を受けた者は，開発を完了した後，幕府の検地を受けることによつて初めて，当該開発地に対する排他的総括支配権を取得するのであつて，一定期間内に開発を完了しないときは開発権も原則として没収されるのである。開発に先立ち上納する地代金も，開発対象地の売買代金ではなく，開発免許料ともいうべきものである（大阪控訴院大正6年（ネ）第144号同7年2月20日判決・法律新聞1398号23頁参照）。

そうすると，徳川幕府からAに対し新田開発許可があつただけで，埋立てがされないままの状態においては，徳川幕府が本件係争地をAの所有に帰属させたものということができず，本件係争地が所有権の客体たる土地としての性格を取得したものとはいうことができない。

六　次に，原審の確定するところによれば，本件係争地については，

第 8 講　用語のあいまいなこと

Aが明治 7 年 7 月 4 日に鍬下年季中の新開試作地として本件地券の下付を受けた，というのである。

当時の地券発行の根拠法令である明治 5 年 2 月 24 日大蔵省達第 25 号，同年 7 月 4 日大蔵省達第 83 号，同年 9 月 4 日大蔵省達第 126 号，明治 6 年 3 月 25 日太政官布告第 114 号及び同年 7 月 28 日太政官布告第 272 号に照らすと，地券は，土地の所持（排他的総括支配権）関係を証明する証明文書であつて，土地を払い下げるための文書とか，権利を設定する設権文書ではないことが明らかである（大審院大正 7 年（オ）第 394 号同年 5 月 24 日判決・民録 24 輯 15 巻 1010 頁，同昭和 8 年（オ）第 1959 号同 12 年 5 月 12 日判決・民集 16 巻 10 号 585 頁参照）。

そうすると，本件地券の下付があつたからといつて，それによつて本件係争地がAに払い下げられ，Aの所持するところとなつたものということはできない。Aは，徳川幕府から新田開発許可を得ていることを理由に本件地券の下付を願い出たものであるが，前記のとおり，新田開発許可を得ただけで埋立てを行つていない状態では，本件係争地の排他的総括支配権を取得するいわれはないのであつて，本件地券は，実体関係に符合しないものであり，せいぜいが開発権を証明するものでしかないものといわざるをえない。したがつて，本件地券の下付によつても，国が本件係争地をAの所有に帰属させたものということができず，本件係争地が所有権の客体たる土地としての性格を取得したものということができない。

そして，Xらは，本件係争地につき地券が下付され，本件係争地が土地登記簿に池沼として登記されていたという事実のほかに，本件係争地が固定資産税等の課税対象とされ，本件係争地と同様の田原湾内の干潟の一部の共有持分につき海軍省による買上げ，大蔵省，愛知県及びd町による差押・公売処分が行われた等の事実を挙げ，Xらは本件係争地を時効取得したものであると主張するが，右の事実に照らし本件係争地につき公有水面埋立法に基づく埋立てを行うような場合に

1　ドーナツ理論，境界線上の概念

は X らに対する何らかの個別的な補償を要するものと解すべきかどう
かはともかくとして，本件係争地がもともと所有権の客体たる土地と
しての性格を有していない以上は，X らがこれを時効取得するいわれ
はない。

　七　ちなみに，明治 4 年 8 月大蔵省達第 39 号（明治 6 年 7 月 20 日
太政官布告第 257 号により廃止）は，「荒蕪不毛之地」の開墾を希望す
る者があれば入札のうえ払い下げるものとし，明治 8 年 2 月 7 日内務
省達乙第 13 号は，海面の開墾を希望する者があれば無償で下げ渡すも
のとしていたが，明治 12 年 3 月 4 日内務省地理局通知「水面埋立願ニ
付取調上心得」は，水面埋立てについては，まず埋立ての許可を与え，
埋立工事が完了した時点で無代価で下与するか払い下げるものとし，
明治 14 年 4 月 15 日内務省指令は，右の明治 12 年 3 月 4 日内務省地理
局通知の以前に払い下げられた海面のうち鍬下年季中に埋立ての成功
しないものは国に返地させるべきものとした。そして，最高裁判所昭
和 51 年（オ）第 1183 号同 52 年 12 月 12 日第 1 小法廷判決（裁判集民
事 122 号 323 頁）は，右の明治 4 年 8 月大蔵省達第 39 号に基づき現場
で区画を定めて私人に払い下げられその後陸地となつた海岸寄洲及び
海面につき，「当時の法制によれば，海水の常時侵入する地所について
も，これを払下げにより私人の取得しうる権利の対象としていたと解
することができる」としたうえ，右の私人が払下げにより排他的総括
支配権を取得したと判示した。当裁判所も，前叙のとおり，国におい
て行政行為などにより海の一定範囲を区画し，他の海面から区分して
私人の所有に帰属させるということが立法政策として行いえないこと
ではないと解するものであるが，本件係争地は，右の明治 4 年 8 月大
蔵省達第 39 号，明治 8 年 2 月 7 日内務省達乙第 13 号などに基づき私
人に払い下げられたものではなく，また，埋め立てられずに海のまま
の状態にあるという点で，右の海岸寄洲及び海面とはその性格が異な
り，右の第 1 小法廷判決は本件とは事案を異にするものというべきで
ある。

83

第8講 用語のあいまいなこと

八 以上のとおり，本件係争地は，昔から海のままの状態にあり，私法上の所有権の客体たる土地に当たるものとはいうことができない。そうすると，本件滅失登記処分は，本件係争地が登記されるべき土地として存在しないという実体的な法律状態に符合した処分であつて，これを違法ということはできない」。

2 建物のあいまいさ

土地と建物 土地の定着物である建物については，工事の進行に伴い，動産から土地に吸収される定着物となり，最後に建物となると，土地から独立した定着物となります。

土地と建物は，日本では別個の不動産です。民法 86 条 1 項では，土地とその定着物は不動産とするとだけ規定していますが，どのように別個かは解釈の問題です。

日本法では，建物は独立した不動産とされます。たとえば，A の土地に，請負人 B の土台の材料が置いてあるだけなら，その材料は B の動産です。B が工事をして，コンクリートを流し，土地に建物の土台を作れば，土地の定着物になるので，A の不動産の一部です。屋根と柱を建てた時も同じです。もっと工事が進んで，屋根を葺き，壁を建てれば，建物となり，土地とは独立した建物となります（大判昭和 10・10・1 民集 14 巻 1671 頁，床や天井ができていなくてもよい。〔百 I・11〕）。その時から，建物は B の不動産となり，A の土地からは独立するのです。もっとも，請負の解釈としては，この請負人帰属説に対して，注文者帰属説があります。請負人は，所有権を移転する義務をおっているので，自分に帰属しても仕方がないからです（担保にはなります）。

84

2 建物のあいまいさ

**賃貸借
の場合**　請負と異なるのは，賃貸借の場合です。Ａの土地を借り
て，Ｂが自分の建物を建てたとすると，Ａの土地に吸収
されずに，Ｂの建物となります。この点で，日本法は，欧米の法と
異なっています。欧米の石造りの建物は，土地と一体となった不動
産ですから，建物に独立した所有権は成立しません。その代わりに，
Ｂは，Ａに対する建物価格相当の不当利得の返還請求権を取得しま
す。

　うさぎ小屋といわれる日本の建物が独立の扱いを受けているのは
おかしな気がしますが，Ｂは自分の権利を保持できます。ただし，
権利を保持するのがつねに有利とは限りません。たとえば，賃貸借
契約の期間が満了して，更新されない場合です。不動産の賃貸借は
期間の保護が厚いのですが，それでも更新されない場合はあります。
そうすると，Ｂは権限なしに，Ａの土地上に建物を建てていること
になりますから，Ａから明渡しの請求があると，取り壊して出て
いかなければなりません。そうした場合に備えて，借地借家法（13
条）は，建物買取請求権を用意しています。

　つまり，Ｂが当該建物を買い取れとＡに請求して，ＡＢ間に建物
の売買契約が成立する場合です。これは，「請求権」と規定されて
いますが，実際には「形成権」です。民法総則で聴くところですが，
Ｂの一方的な意思表示（単独行為）によって，売買契約が成立した
と扱われるのです。契約ではありませんから，合意は必要ありませ
ん。売買が成立すると，建物の所有権がＡに移転する代わりに，Ｂ
は，Ａに代金債権を取得します。欧米法で，不当利得として認め
られている建物の代金相当額が，日本では代金債権としてＢに帰
属するのです。

　同じような関係が，Ａの建物に，Ｂが造作を加えた場合にも生じ

るので，各自で考えてください（借地借家法33条）。

第9講　法律に書いていないこと，法と現実のズレ

1　無から有は生じない

**所有権
の移転**　日常の常識では，無から有は生じません。誰もがそれを
前提にしています。ただ，法律問題になると，考えるの
を止めてしまう人がいます。

　AがBに，さらにBがCに，家を売ったら，所有権は，どこに
ありますかと聞くと，Cといいます。それでは，AB間の売買が無
効になったら，所有権は，どこにありますかと聞くと，多くの1年
生は黙っています。仲間うちで，物をやり取りする場合ならば，A
はCに対して返せよ，というはずですが，授業で聞くと，答えま
せん。気の利いた答えの必要はありません。率直に答えましょう。

　これは，いわゆる親亀の上の子亀です。親亀がこければ，子亀も
こけるのです。物権の変動（代表的なのが所有権の移転）も同じこと
で，無権利では，権利は移転しないのです。他人の物を売っても，
所有権は移転しません。AB間の売買が無効ならば，Aの家はA
のものです。BがCに，Aのものを売っても，Cは所有権を取得
できず，AはCに対して，返せといえるのが原則です。無効とい
うのは，率直に，効力がないということですから（説明は多々あり
ますが），AB間で権利が移転しなければ，BC間でも移転しません。
ただ，残念ですが，これは，あまりに当然なので，民法には，直接
書いてありません。ローマ法の格言では，Nemo plus juris ad alium
transferre potest, quam ipse habet（誰も自分のもつ権利以上の権利を他
の者に移転することはできない），Nemo dat qui non habet（もたざる者
は，与えない）とか，Nemo dare potest quod non habet（誰も，もたざ

87

第 9 講　法律に書いていないこと，法と現実のズレ

るものを与えることはできない）といいます。ほかに，Nihil dat qui
non habet（もたざる者は，なにものをも与えない）とか，Nemo id jus,
quod non habet, amittere potest（自分がもたない権利は，失いえない）
など，いくつもの変形があります（Ulp. D.41,1,20pr.）。

賃借権　　親亀と子亀の関係は，所有権だけではなく，他の権利に
もあてはまります。たとえば，賃借権です。A が B に，
土地・建物を貸して，さらに B が C に転貸したとします。B の賃
料不払いなどで，AB 間の賃貸借が解除されれば，C も使用権限を
失って，A に返還しなければならないのです。BC 間の契約は影響
されませんが，AB 間に利用権限がなくなれば，BC 間の利用権限
もなくなるのです。C は，B の履行不能を理由に，契約を解除する
ことができます。この効果は，AB 間で，C への転貸が承認されて
いることによって（612 条），影響されません。C への転貸はあくま
でも B の使用の範囲内にとどまるからです。

　　ただ，サブリースといって，当初から C のような第三者への転
貸が予定される契約類型では，B は丸投げで，C の収益が予定され
ていますから，AC あるいは別の中間者 D を介在した契約に変形
される場合もあります。

無効の
規定　　2017 年の改正法は，契約の自由など，従来から解釈で
当然とされていたものをずいぶん明文化しましたが
（521 条），無権利の効果までは書いてありません。そういえば，取
消の規定は古くからありますが（121 条），無効の定義的な規定もあ
りません。もっとも，無効にも種類があり，いちいち書くとすると，
かなり面倒なことになります。

　　18 世紀の啓蒙の時代以降，自然科学の発展はいちじるしく，法
律学も，かなりその影響をうけました。内容というより方法論に多

くみられることですが，複雑な法律関係を単純化するために，個々の部分に分解して構成するというのは，19世紀の自然科学の発想です。一見複雑なものを構成単位に分解して理解するのです。当事者の関係を債権・債務に分解するのもその1つです。ただ，あまりに結論がうまく出せないときには，全体として考えるとか（債権関係や共同体的思想，複合関係など），全体を考えた上で，個別の部分も見直すことが必要になることもあります。個別の部分を排斥することもあります。全体は，必ずしも分解したものの総和とは限らないからです。また，大前提から論理的に推理する方法，逆に，基本原則の定立が必要となる思考もあります。たとえば，過失責任主義の重視とか，個別の訴権から不法行為や不当利得の統一理論を構築することです。さらに，近因と遠因を区別すること（因果関係の直接性など），二元的な概念の対比（スコラ学の影響もある），雑音を排除する合理的思考なども，自然科学の影響です。無効や不能などは，普通法を整理して，近代法的に再構成されました。

　もっとも，過剰に自然科学的な思考をもちこむことで，「二重効」のような問題も生じました。法的な概念は，物理的・自然的な概念とは異なります。科学的に実証できるものとは違うからです。二重効については，解釈論の授業で聴いてください（その一部は，前述の意思無能力による無効と制限行為能力による取消にもみられます。第6講1）。

公信力・無因性　ところで，親亀がこけても，子亀がこけない場合があります。これが公信力の問題です。無因性もそうです。ここでは，あまり立ち入りませんが，BがCにAの物を売った場合，CはBを所有者として（通常は代金も払って）買うわけですから，別の所有者Aから返せといわれるのは困るわけです。BがA

89

第9講　法律に書いていないこと，法と現実のズレ

の物をもっていたわけはいろいろあるでしょうが（拾った，預かった，借りた，盗んだなど），Cはそんなことは知りません。Bが所有者だと思っているわけです（善意）。この善意を保護するのが，公信力です。民法は，192条で，動産についてだけ，これを認めています。Cが所有権を取得して，Aは所有権を失うのです。Cにとっては，無から有が生じるわけです（もっとも，代金を払っているので，Cにとっては当然です）。

　無因性は別の議論です。AがBに，BがCに物を売却した場合に，AB間の売買が無効になっても（債権関係），所有権の移転の関係は別だというものです（物権関係）。そうすると，BC間の所有権の移転も無効にならないので，第三者であるCも困らないだろうというものです。ドイツ民法はこれを定めていますが，日本の民法では，売買が無効になると，所有権の移転も無効になり（有因），子亀はひっくり返ります（192条は例外）。

2　対抗要件

二重譲渡　次に二重譲渡を考えましょう。同じ物を2人に譲渡するのが，二重譲渡です。学生のみなさんは，そんな悪い行為はありえないと思うでしょうが，裁判では，しばしば登場します。物は1つしかないので，物権法上の大問題です。

　ここでは，Aが物をBに，次に同じ物をAがCに譲渡した場合を考えましょう。

　これについても質問すると，いろいろ答えが返ってきます。AB間の契約が先だから，Bが取得できる，Bが受領して持っていないのが悪いので取得するのはC，半々という答えもあるかもしれません。

90

2 対抗要件

理屈（屁理屈）でいくと，AがBに売却して，Bに所有権が移転してしまえば，もう無権利者ですから，Cに移転できるはずはなく，Cは取得できないということになります。日本の民法は，176条で，意思主義，つまり代金の支払も，引渡も，登記の移転も不要で，意思だけで所有権が移転するとしているので，上の結論となるはずです。

176条「物権の設定及び移転は，当事者の意思表示のみによって，その効力を生ずる」。

むずかしく書いてありますが，所有権の移転は，意思表示だけでいいということです。

対抗要件主義 しかし，それでは，Cが困ることが多いでしょう。Aがまだ占有しているので，あるいは登記を有しているので，それを信じてCは買うのです。Cはすでに代金も払っているかもしれません。

意思主義は，フランス法から来た主義で，フランス民法も1804年の施行後，しばらくはこれでやっていましたが，やはりCにとっては，だれが所有者かわからないのは困るのです。そこで，50年ほどたって，フランスでも日本の民法の177条に相当する法律を作りました。いわゆる対抗要件主義です。

177条「不動産に関する物権の得喪及び変更は，不動産登記法（平成16年法律第123号）その他の登記に関する法律の定めるところに従いその登記をしなければ，第三者に対抗することができない」。

これもむずかしく書いてありますが，要は，登記すれば，第三者にも対抗できるということです。「しなければ，できない」という二重否定がわかりにくければ，「ない」を2つとも消してください。

第9講　法律に書いていないこと，法と現実のズレ

「登記すれば，対抗できる」となります。

　つまり，Aは，Bに所有権を移転しても，Bが登記しなければ無権利者にならずに，Cに所有権移転できるわけです。先に登記した方が，取得できるので，早いもの勝ちということです。

　これは，自然的な早さによってではなく，登記によって優劣を決めることを意味します。物権は，第三者に影響することが多いので，時間的優劣でなく，対抗要件によって優劣を定めることになります。法律の世界では，物理の法則を多少修正しているのです。

　もっとも，なぜ無権利のはずのAがCに譲渡できるのかを説明するのはむずかしく，物権法のテキストには，いろいろな説が載っています（不完全物権変動説，債権説ほか）。

他人の物の売買　上の場合に，AB間にもAC間にも，売買契約はありますが，これは変更されません。

　また，民法は，他人の物の売買も有効としています（561条，改正前560条）。たとえば，BがCとの間で，Aの物を取得して，Cに売る約束をしてもかまわないのです。フランス民法はこれを無効としますが，とくにCがAの物だと知っている場合には，支障ないはずです。もっとも，所有者のAがBに売るのはいやだといえば，Bは取得できずに，Cに移転することもできません。それは，BC間の問題です。また，Aの権利は，BC間の契約で害されるわけでもありません。

売主の責任　二重譲渡に戻ると，BなりCなりが所有権を取得できない場合には，売主Aは，売主の義務を果たしていないので，売主の担保責任を負うことになります（561条，564条で損害賠償責任）。もっとも，二重譲渡をするような売主Aには，賠償能力がないのが通常で，だからこそ，買主のB，Cは，所有権を取得

92

することを競うわけです。損害賠償は，実際には，画に書いた餅であることが多いです。

　後述の地震売買でも，理屈では，家を収去するＢが，貸主Ａに損害賠償を請求できますが（第9講4），やはり家を収去しない方途を考えることが大切ですから，対抗要件による保護を考えるのです。

担保・時効　　事実と法はしばしば一致しません。ＡがＢに権利をもっていても，しばしばその内容がないことがあります。とくに金銭債権は，債務者に弁済する気があって，かつ資力がある場合でないと，画餅に帰します。そこで，債務者の賠償能力に左右されない方法として，物的な担保（担保物権）や人的な担保（保証や連帯債務）が発展してきたのです。債務を実効性のあるものとするためで，現実を規範にあわせるものですから，法の重要な機能です。ただし，例外もあります。時効がそれです。ここでは，現実にあわせて規範の方を修正するのです。

　時効は，債務者にとって思わぬ利益になりますが，制度上やむをえないことがあります。債務者が事実上借金を返さない場合，ローマの昔なら債務奴隷，19世紀のイギリスでも債務拘禁というのがあり，ディケンズの小説などに登場します。人権社会で，同じことはできません。ただ，重罪に関する刑事時効は，廃止になりました。

　債務者にとって，思わぬ利益とみえるものとして，ほかに不法原因給付の場合があります。ここでは立ち入りませんので，後述の裁判例をみてください（第12講2）。

第9講　法律に書いていないこと，法と現実のズレ

3　動産の場合

民法　　不動産の二重譲渡は，177条でうまく解決しましたが，
178条　　動産ではどうなるでしょうか。似たような条文はあります。

178条「動産に関する物権の譲渡は，その動産の引渡しがなけれ
ば，第三者に対抗することができない」

これだけみると，早く占有した者勝ちということになりそうです。

占有の　　しかし，占有については，以下の規定もあります。
規定　　　（現実の引渡し及び簡易の引渡し）

182条「占有権の譲渡は，占有物の引渡しによってする。
　　2　譲受人又はその代理人が現に占有物を所持する場合には，
　　　占有権の譲渡は，当事者の意思表示のみによってすることが
　　　できる」。

（占有改定）

183条「代理人が自己の占有物を以後本人のために占有する意思
　　を表示したときは，本人は，これによって占有権を取得する」。

（指図による占有移転）

184条「代理人によって占有をする場合において，本人がその代
　　理人に対して以後第三者のためにその物を占有することを命じ，
　　その第三者がこれを承諾したときは，その第三者は，占有権を
　　取得する」。

　つまり，現実の占有のほかに，観念的な占有があるのです。わか
りやすい方からみてみます。184条は，たとえば，AがBに物を預
けている場合です。本人Aが代理人Bに，以後は，第三者Cのため
に保管しろ，という場合には，（観念的な）占有がAからCに移
転するということです。直接占有者は，つねにBです。

94

182条2項も，わかりやすいでしょう。AがBに預けている物を譲渡しようとする場合です。譲受人Bがすでに物を占有している場合には，Aが預けている物をBにあげますよ，といえば占有が移転するということです。Bは，もともとAのために占有していた（他主占有）のですが，以後は，自分のために占有（自主占有）することになります。

わかりにくいのは，183条です。たとえば，AがBに本を売ったけれども，Bがよそにいくので，しばらく預かってくれといった場合です。A（代理人）が，B（本人）のために占有すると，B（Aを通した間接の占有）も占有を取得します。Aは，ずっと直接占有をしていますが，新たに間接占有が発生するのです。

二重譲渡でも，この間接占有があります。AがBに物を売っても，Aがその物を預かると，買主Bは，間接占有を取得します。つまり引渡があったことになるので，CがAから二重に買い受けても，Bが先に引渡をうけたので，Cは劣後します。占有改定を認めなければいいという反論がでますが，Bが（一瞬）現実の占有をうけてから，またAに占有させれば，同じことになります。Aは，預かっただけで，無権利者ですから，Cに譲渡することはできません。

そうすると，二重譲渡の最初の問題に戻ります。Cは，所有者のような外観を呈した者から買うと，非常に危険だということです。

即時取得 話が振出しに戻ったので，別の方法が必要になります。ここで登場するのが，192条です。簡単にいえば，CがAから，取引行為で，物を買ってその占有を始めたときには，その物の所有権を取得するということです。つまり，すでにAがBに物を売っており，Aが無権利者でも，Cが権利を取得するので

第9講 法律に書いていないこと，法と現実のズレ

す。反対に，この時，Bは，所有権を失うことになります。善意の
Cの信頼（Aに所有権があるという外観）を保護したものです。ただ
し，193条，194条の例外規定がありますので，注意が必要です。

（即時取得）

192条「取引行為によって，平穏に，かつ，公然と動産の占有を
　　　始めた者は，善意であり，かつ，過失がないときは，即時にそ
　　　の動産について行使する権利を取得する」。

（盗品又は遺失物の回復）

193条「前条の場合において，占有物が盗品又は遺失物であると
　　　きは，被害者又は遺失者は，盗難又は遺失の時から2年間，占
　　　有者に対してその物の回復を請求することができる」。

194条「占有者が，盗品又は遺失物を，競売若しくは公の市場に
　　　おいて，又はその物と同種の物を販売する商人から，善意で買
　　　い受けたときは，被害者又は遺失者は，占有者が支払った代価
　　　を弁償しなければ，その物を回復することができない」。

　Aが無権利の理由は問いませんから，二重に譲渡した場合だけ
ではなく，預かっている場合でも，拾った場合でも，盗んだ場合で
も，借りている場合でも，かまわないことになります。また，A
の占有に対するCの信頼を保護するのですから，C自身も現実の
占有をうけることが必要です。

　この場合，無権利のAからでも所有権を取得できるので，これ
を原始取得といって，権利者のAから取得する承継取得とは区別
します。原始取得というと，無主物の先占（狩猟や漁獲），あるいは
採掘などが思い浮かびますが，即時取得も原始取得です。建物を建
てた場合に所有権を取得するのも，時効も原始取得です。こういう
概念をとくに用いるのは，原始取得する前に所有権に何らかの負担

が設定されていても，これを引き継がなくてもいいということをいうためです。たとえば，時効取得した土地に抵当権の負担があっても，時効取得者は，負担のない所有権を取得するのです。所有権を取得するのですから，それよりも小さい抵当権が消滅するのは，いわば当然でしょう。

4　その他の対抗要件

賃貸借の効力　民法上の対抗要件は，登記と引渡ですが，特別法はこれを補完しています。

地震売買は，AがBに土地を賃貸して，Bが土地上に建物を建築している場合に，その土地をCに譲渡する場合です。AとBは契約関係にありますから，Aには土地を貸す義務がありますが，CとBの間に契約関係はありません。Cは義務を負っているわけではないので，自分の所有権にもとづいて，妨害の排除をすることもできそうです。これを「売買は賃貸借を破る」といいます。

ローマ法以来の伝統的な立場は，賃貸借に債権としての効力しか認めないことから，Bは，新所有者であるCに，賃貸借の効力を主張できないのです。日本の民法の起草者が参考としたドイツ民法第1草案も，同様でした。

これに対し，ギールケを初めとするゲルマニストの反対が提起され，ドイツ民法第2草案では，これを修正しました（第2草案512条では，売買は賃貸借を破らない）。これが，1900年のドイツ民法典571条に受け継がれました（Kauf bricht nicht Miete. 売買は賃貸借を破らない）。

ドイツ民法旧571条には，不動産の譲渡に際し「取得者は，賃貸人に代わって，賃貸借関係から生じた権利を有し義務をおう」とあ

ります（同条は，2002年の賃貸借法改正で，場所を移動され，566条，578条になりましたが，内容上の変更ではありません）。

　ここで，「売買は賃貸借を破らない」ことの説明が必要となりました。すなわち，Cが不動産所有権を取得するとともに，賃貸借契約をも承継するとすれば，その理由が必要です。契約が，締結した当事者以外の者をも拘束する結果となるからです。ここで，登場したのが，状態債務論です（ド民566条相当の内容を解釈で補うもの）。これも，日本に影響を与えることになりますが，ここでは立ち入りません。

建物の登記　日本では，「売買は賃貸借を破る」ので，Cの明渡請求で，Bは排除されますから，建物は壊さなければなりません。このように地盤がくずれることで建物が壊れるので，「地震売買」といいます。日露戦争後，人口が増加して，こうした事件が増えたといわれます。日本の民法の起草者も，こうした事態を予想しなかったわけではありません。

　旧民法では，賃貸借は物権でしたし（財産編2条2項第3「賃借権，永借権及ヒ地上権」は，「主タル物権」でした。抵当権は「従タル物権」です），現在の民法605条も，不動産の賃貸借は，登記すれば，新たに不動産について物権を取得した者に対抗できるとしています。しかし，この登記はB単独ではできず，大審院の判例上，Bは，Aに対して登記を請求できないことになっていたので（大判大正10・7・11民録27輯1378頁），実質的に空文となっていたのです。

　ここで，登場したのが，建物保護法です。同法は，借地借家法10条に統合されているので，それをみることにします。

　10条1項「借地権は，その登記がなくても，土地の上に借地権
　　者が登記されている建物を所有するときは，これをもって第三

者に対抗することができる」。

ときどき誤解している人がいますが，この場合の登記は，605条の登記とは異なります。賃貸借と売買は，Aの不動産に関連する優劣ですから，本来，登記は，土地登記簿上のもののはずです。しかし，判例上これが実効性がないので，代用的に，建物登記で足りるとしたものです。建物は，日本では，土地と建物は別個の不動産で，Bにとって建物は自分のものですから，自分の一存で登記もできるのです。

土地と建物の登記簿の相違からは，別の興味深い事件が登場します（後述5）。

建物の引渡　同様の問題は，Aが土地・建物をBに貸している場合にも生じます。その土地・建物がCに売却されると，やはり「売買は賃貸借を破る」のです。しかも，この場合は，建物もAのものですから，建物の登記によるわけにはいきません。そこで，借地借家法31条は，引渡を対抗要件にしました。

31条「建物の賃貸借は，その登記がなくても，建物の引渡しがあったときは，その後その建物について物権を取得した者に対し，その効力を生ずる」。

建物の優劣ですから，建物登記で決定するはずですが，引渡で代用したのです。

農地の賃貸借　農地の賃貸借でも，農地法は，農地の土地登記を，引渡で代用しています。

農地法16条「農地又は採草放牧地の賃貸借は，その登記がなくても，農地又は採草放牧地の引渡があったときは，これをもってその後その農地又は採草放牧地について物権を取得した第三者に対抗することができる」。

99

第9講　法律に書いていないこと，法と現実のズレ

　なお，農地の所有権の移転については，農業委員会等の許可を必要とすることはご存じのところと思います（農地3条）。これは，戦前のような不在地主と小作人の関係を清算するために行われた農地改革以来のものです。

5　他人名義の建物登記と借地の対抗力

他人名義
の建物　旧建物保護法が，土地の対抗力の決定に，建物の登記を代用したことから，土地と建物の登記の離齬が問題になりました。これが次の問題です。

裁判例　【判例】最判昭和41・4・27民集20巻4号870頁〔百II・50〕

　〔事実〕　土地の賃借人Yは，家屋を所有していたが，建築当時手術をすることになり，長く生きられないかと思い，長男A名義で保存登記をした。土地の所有権を取得したXが土地の明渡を請求した。1審，2審で，X敗訴。Xから上告した。

　〔判決〕　破棄自判。「建物保護ニ関スル法律（以下建物保護法と略称する。）1条は，建物の所有を目的とする土地の賃借権により賃借人がその土地の上に登記した建物を所有するときは，土地の賃貸借につき登記がなくとも，これを以つて第三者に対抗することができる旨を規定している。このように，賃借人が地上に登記した建物を所有することを以つて土地賃借権の登記に代わる対抗事由としている所以のものは，当該土地の取引をなす者は，地上建物の登記名義により，その名義者が地上に建物を所有し得る土地賃借権を有することを推知し得るが故である。

　従つて，地上建物を所有する賃借権者は，自己の名義で登記した建物を有することにより，始めて右賃借権を第三者に対抗し得るものと解すべく，地上建物を所有する賃借権者が，自らの意思に基づき，他人名義で建物の保存登記をしたような場合には，当該賃借権者はその

5　他人名義の建物登記と借地の対抗力

賃借権を第三者に対抗することはできないものといわなければならない。けだし，他人名義の建物の登記によつては，自己の建物の所有権さえ第三者に対抗できないものであり，自己の建物の所有権を対抗し得る登記あることを前提として，これを以つて賃借権の登記に代えんとする建物保護法1条の法意に照し，かかる場合は，同法の保護を受けるに値しないからである。

原判決の確定した事実関係によれば，Yは，自らの意思により，長男Aに無断でその名義を以つて建物の保存登記をしたものであるというのであつて，たとえ右AがYと氏を同じくする未成年の長男であつて，自己と共同で右建物を利用する関係にあり，また，その登記をした動機が原判示の如きものであつたとしても，これを以つてY名義の保存登記とはいい得ないこと明らかであるから，Yが登記ある建物を有するものとして，右建物保護法により土地賃借権を第三者に対抗することは許されないものである。

元来登記制度は，物権変動の公示方法であり，またこれにより取引上の第三者の利益を保護せんとするものである。すなわち，取引上の第三者は登記簿の記載によりその権利者を推知するのが原則であるから，本件の如くA名義の登記簿の記載によつては，到底Yが建物所有者であることを推知するに由ないのであつて，かかる場合まで，Y名義の登記と同視して建物保護法による土地賃借権の対抗力を認めることは，取引上の第三者の利益を害するものとして，是認することはできない。また，登記が対抗力をもつためには，その登記が少くとも現在の実質上の権利状態と符号するものでなければならないのであり，実質上の権利者でない他人名義の登記は，実質上の権利と符合しないものであるから，無効の登記であつて対抗力を生じない。そして本件事実関係においては，Aを名義人とする登記と真実の権利者であるYの登記とは，同一性を認められないのであるから，更正登記によりその瑕疵を治癒せしめることも許されないのである。叙上の理由によれば，本件において，Yは，A名義の建物の保存登記を以つて，建物保

護法により自己の賃借権を X に対抗することはできないものといわねばならない」。

ここで，Y にとって長男 A は「自分」ではないので，「他人」です。ここでは，親族法上の意味が問題となっているわけではないからです。その意味では，妻名義でも，同じことです（最判昭和 47・6・22 民集 26 巻 5 号 1051 頁。ほかに，最判平成 1・2・7 判時 1319 号 102 頁は，譲渡担保権者の名義でした）。

建物登記の　ほかに，建物の地番と土地の地番の齟齬も問題に
齟齬の事例　なっています。

①　最判昭和 40・3・17 民集 19 巻 2 号 453 頁では，実際は，79 番地にある建物が，80 番地として登記された事案で，その登記を建物保護法上のものと肯定しました。土地を買う場合には，第三者は現地を検分するからです。

②　また，最判昭和 44・11・13 判時 579 号 58 頁，最判昭和 63・1・26 裁集民 153 号 323 頁では，甲乙両地の上の建物を有する者が，甲地に借地権があるのに，乙地のみを建物の所在地として登記しました。この場合にも，甲地の対抗力を肯定しました。

③　ただし，甲乙両地が借地の場合に，乙地に登記された建物があっても，甲地の対抗力を否定したものがあります（最判昭和 44・12・23 民集 23 巻 12 号 2577 頁）。

5 他人名義の建物登記と借地の対抗力

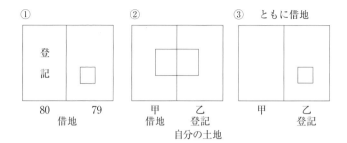

第 10 講　連合部と大法廷

1　連合部，大法廷

裁判所の審級　判例集をみるときに，注意するものとしては，ほかに，審級があります。

現在の最上級審が，最高裁判所であることは，誰でも知っているでしょう。二審は，高等裁判所，一審は地方裁判所です。ただし，訴額が 140 万円未満の場合には，簡易裁判所です（裁判所法 33 条 1 項）。戦前は，最上級審は大審院でした。二審は控訴院，一審は地方裁判所でした。その下に区裁判所がありました。

左右両院が廃止されて，元老院，大審院が設置されたのは，明治 8 年 4 月 15 日の太政官布告 59 号によります（木下真弘『維新旧幕比較論』（宮地正人校注，1993 年）68 頁）。

大審院と最高裁判所　裁判法の授業を聴くとわかりますが，最高裁と大審院は，かなり性格が異なります。大審院は，大陸型の最上級審ですから，民事・刑事の最上級審でしたが，行政裁判所や憲法裁判所の権限をもっていません。戦後の最高裁判所は，アメリカの最高裁をモデルにしていますから，すべての管轄を有しています。違憲判断もできるわけです（下級審も含めて）。違憲立法審査権については，憲法の授業で聞いてください。

もう 1 つ，実質的な問題として，裁判所の規模もかなり異なります。最高裁の裁判官は 15 人ですが，大審院の裁判官は 50 人近くいました。ちなみに，アメリカの最高裁の裁判官は現在 9 人です。日本の最高裁では，つねに 15 人で判断するわけではなく，大多数の判断は，5 人の裁判官からなる 3 つの小法廷で行います（裁判所法

9条，10条参照）。憲法判断や判例変更の場合は，15人で判断する大法廷で行います。

大法廷・連合部判決　個別の事件についての最上級審の判断は，下級審の判断に優先するので（裁判所法4条），それによって究極的に全国の裁判所の判断を統一します。また，小法廷ごとに判断が異なるのは困るので，大法廷には，こうした判例統一の機能があります。

大審院には，たくさんの部があったので，第1，第2と番号がついていました。現在でも，東京地裁などはたくさんの部があるので，民事1部とか2部とか番号がついています。カフェー丸玉事件（第13講2）は，昭和10年で，大審院の第1民事部でした（池田寅二郎裁判長のほか，4判事でした）。

大審院でも，判例統一は必要だったので，重要事件は，連合部判決を開いていました。大法廷に相当するものです（旧裁判所構成法49条）。大審院の連合部には，民事連合部，刑事連合部，民刑連合部がありました。これは，ドイツのライヒ大審院の形式をモデルにしたものです（旧裁判所構成法の母法は，1879年施行のドイツの裁判所構成法でした。日本の裁判所構成法は，お雇い外国人のルドルフとティヒョーの手により起草され，1890年公布）。ドイツの連邦裁判所（BGH）は，今でも同じ構成をとっています。さらに，ドイツには，連邦〔最高〕裁判所（BGH）のほかに，連邦行政裁判所や連邦労働裁判所などの上告審もあるので，それらの連合部もあります。

旧裁判所構成法

49条「大審院の或る部に於て上告を審問したる後，法律の同一の点に付曾て一若は二以上の部に於て為したる判決と相反する意見あるときは，其の部は，之を大審院長に報告し，大審院長

は其の報告に因り，事件の性質に従ひ，民事の総部若は刑事の総又は民事及刑事の総をヲ聯合して之を再ひ審問し及裁判することを命す。」

53条「大審院に於て訴訟法に依り法廷に於て審問裁判すへき事件は，七人の判事を以て組立てたる部に於て之を審問裁判す。其の七人の判事中一人を裁判長とす。其の他の事件は，訴訟法の定むる所に従ひ判事之を取扱ふ。」（ひらがなに改め，句読点を追加）。

最高裁に関する相当部分は，六法全書で調べてください。

2　民法177条と登記の必要な物権変動の範囲，無制限判決

同日に出される判決　大審院の連合部判決には，現在でも意味のある重要事件に関する判断があります。その1つが，物権変動の基本になる2判決です。別の内容について，1つは無制限説をとって，もう1つは制限説をとっています。同日に出されているので，混同してはいけません。

このように，同日に出される判決はかなりあります。特定するためには，裁判符号・番号がありますが，テキストなどでは，掲載誌の引用によってどの裁判例かを特定します。判例について報告をするときには，掲載誌を省略してはいけません。裁判所は，通常，いくつかの事件について，同日にまとめて判決を言い渡すからです。

無制限判決　相続による物権変動は，登記しなければ第三者に対抗できないかについては，民法177条の「物権ノ得喪」にかかわる問題があります。

大判明治41・12・15民録14輯1301頁〔百Ⅰ・54〕は，これを肯定し，いわゆる無制限説を採用しました。

2　民法177条と登記の必要な物権変動の範囲，無制限判決

すなわち，177条が176条をうけて規定されているとすれば，177条も176条と同様に「意思表示」を要素とする法律行為による物権変動にしか適用されないはずですが（制限説），177条が法律行為によらない物権変動にも適用されるとすれば，相続による物権変動を主張するにも登記が必要となります。

【判例】 大判明治41・12・15民録14輯1301頁〔百Ⅰ・54〕

　〔事実〕　Xは，Aの隠居によって家督相続をしたが，Aの不動産につき相続登記をしなかった。AからYが不動産を取得して登記したことから，Xはその抹消を請求。原審でX敗訴。Xから上告。

　〔判決〕　上告棄却。「177条の規定は，同一の不動産に関して正当の権利若くは利益を有する第三者をして登記に依り物権の得喪及び変更の事状を知悉（しつ）し以て不慮の損害を免るることを得せしめんが為めに存するものにして，畢竟第三者保護の規定なることは，其法意に徴して毫も容れず。而して，右第三者に在りては，物権の得喪及び変更が当事者の意思表示に因り生じたると，将た之に因らずして，家督相続の如き法律の規定に因り生じたるとは，毫も異なる所なきが故に，其間区別を設け，前者の場合に於ては，之に対抗するには登記を要するものとし，後者の場合に於ては，登記を要せざるものとする理由なければなり」（ひらがなに改め，句読点を追加）。

本件は，従来の制限説を無制限説へと転換し，隠居による物権変動にも，対抗要件の具備を必要としたものです。現在では家督相続の制度は廃止されて，たとえば，上記の場合，Aが死亡すると，Aが生前にYに譲渡し負担した債務は，包括的にXに相続され，対抗問題は生じません。しかし，家督相続の場合には，AX間に相続があった後でも，（Aは生きているので）Yへの譲渡が可能ですから，XとYは二重譲渡の関係になる可能性があります。Xへの相続はすんでいますから，Yに対するAの債務は，Xの承継するもので

107

はないからです。

177条は，同一の不動産につき正当の利益を有する第三者が，登記によって物権の得喪・変更を知り，不足の損害を被ることを防止するもので，第三者を保護する規定です。こうした考慮は，物権の変動が意思表示によっても，家督相続のように法律の規定によっても，異なるところがないといえます。

本判決は，直接には隠居に関するもので，隠居の制度は，戦後，家の制度とともに廃止されました。しかし，共同相続，時効取得や取消に関して，登記を必要とする物権変動の範囲の判断に影響を与える可能性があることから，この判決は，なお今日的な意義を有しています。

3 民法177条と登記の必要な第三者，制限判決

民法177条の「第三者」　民法177条は，登記がないと，物権変動を第三者に対抗できないとします。そこで，文言通りに，当事者以外のすべての者に対して，物権変動の主張には登記が必要か否かが問題となります。判例は，当初は，この第三者を当事者以外のすべての者と解していました（無制限説で，ドイツ法，鳩山説によるものです。大判明治40・12・6民録13輯174頁）。

しかし，大判明治41・12・15民録14輯1276頁をもって，判例は，いわゆる制限説へと転換しました。「第三者」とは，登記の欠缺を主張する正当な利益を有する第三者のみであるとするのです。ちなみに，「第三者」は，94条2項や96条3項，545条1項など，あちこちに登場しますが，たいていの場合に，文字通り「第三者」全部となることはありません。

3 民法 177 条と登記の必要な第三者，制限判決

制限　**【判例】**大判明治 41・12・15 民録 14 輯 1276 頁
判決　〔事実〕　X は，A から建物を買って所有者となったと主張
するが，Y は，同建物を自分で建築したと主張。原審は，X が A から
建物を買って登記しなければ，Y に対抗できないとした。X から上告。
　〔判決〕　破棄差戻。「本条に所謂第三者とは，当事者若くは其包括承
継人に非ずして，不動産に関する物権の得喪及び変更の登記欠缺を主
張する正当の利益を有する者を指称すと論定するを得べし。即ち同一
の不動産に関する所有権抵当権などの物権又は賃借権を正当の権原に
因り取得したる者の如き，又同一の不動産を差押へたる債権者若くは
其差押に付て配当加入を申立てたる債権者の如き，皆均しく所謂第三
者なり。之に反して，同一の不動産に関し正当の権原に因らずして権
利を主張し，或は不法行為に因りて損害を加へたる者の類は，皆第三
者と称することを得ず」（ひらがなに改め，句読点を追加）
　X の主張が真実で，Y の主張が真実でないときには，Y は，建
物に関しては正当の権利もしくは利益を有さない者となりますから，
177 条の第三者とはいえないとするものです。X の登記がなくても，
Y が建築したのでなければ権利を主張できるわけはなく，登記の
有無だけが問題となるわけではないからです。誰が建築したかの事
実が問題であり，Y は，A の権利を前提としていません。原審の
ように，X が未登記で，Y に対抗できないというレベルの問題で
はないのです。

第11講　裏側から書いてあること，解釈

法律行為　前に，民法には書いてないことが多いという話をしました。「法律行為」もその一つです。しかも，裏側から始まります。定義規定もないし，有効な場合も規定しないで，いきなり90条で，公序良俗違反で無効の規定があります。任意規定の条文もありません。91条と92条の見出しには出てきますが，見出しは，2004年に口語化されたときに付加されたもので，オリジナルの条文にはありませんでした。かつては出版社が見出しをつけていたので，六法によって，ニュアンスの違う見出しがついていました。たとえば，416条は，現在は「損害賠償の範囲」という見出しですが，かつての通説に従って「相当因果関係」という見出しの六法もありました。

「意思表示」も，定義規定もなしに，いきなり心裡留保，虚偽表示，錯誤，詐欺，強迫といって，無効や取消権の発生する場合が登場します。

解釈の問題　法律行為には，しばしば解釈の問題が登場しますが，これもくせものです。テキストには，よく論理解釈，類推解釈，反対解釈，拡大解釈，縮小解釈，立法者解釈……などが記載されていますが，条文では，よくわかりません。立法例には，解釈の方針を定めるものもありますが，日本では，不明です。

刑法では，罪刑法定主義の説明で，類推解釈はいけないこと，その実例として旧刑法時代の電気窃盗（大判明治36・5・21刑録9輯874頁），刑法245条のみなし規定の話などが登場します。管理可能説も聴いたと思います。

第11講　裏側から書いてあること，解釈

　民法では，権利の客体は有体物（85条）がモデルですが，解釈が自由なので，無体物についてどうするのか，かえって面倒に思う人もいるでしょう。日本語の論理だけでは，類推解釈，反対解釈の可否は決定できません。

　簡単な例で考えてみましょう。「ここに馬つなぐべからず」と立て札があったとします。少し古い例ですが，明治時代には，馬や馬車で大学まで通った先生がいました（穂積八束の時代）。それでは，牛，犬，ライオンはつなげるのかどうかです。おもな解釈は，2つです。1つは反対解釈で，「馬だけがいけない。牛はいい」となります。もう1つは，類推解釈です。「馬がいけないのだから，牛もいけない」というものです。学生諸君に議論してもらったときには，前者が多かったように思います。これには，禁止は，狭い方がいいという考慮が働いていたように思います。自由主義的な傾向かとも思います。戦前だったら，類推する方が多かったかもしれません。

　この解釈の多義性は，日本語では，論理解釈だけでは決定しません。論理的には，いずれの解釈も可能ということです。そうした場合に，別の解釈が必要です。たとえば，目的的解釈です。すなわち，なぜ馬をつないではいけないのかを考えてもらいます。その周辺に花壇があって，馬が食べてしまうからだとすれば，牛もだめでしょう。しかし，草を食べない犬やライオンはかまわないということになります。他方，教室の外で，馬が鳴くとうるさいという理由なら，牛も犬もだめでしょう。立法理由とか起草者意思というのも，これに近いものです。

　縮小解釈は，たとえば，通常はだめでも，雨が降っている場合には，遠くの馬小屋まで連れていくのが大変なので，馬でもつないでもいいとする解釈です。「授業時間中，つなぐべからず」と書いて

ある場合に，夜間もだめだとするのが，拡大解釈です。類推解釈と拡大解釈は，しばしば同一に帰すことがあります。

公序良俗違反の法律行為　公序良俗違反の法律行為については，多種の裁判例があるので，わかりやすいと思います。

【判例】最判昭和61・11・20 民集40巻7号1167頁（遺言と公序良俗違反）〔百Ⅰ・12〕

〔事実〕Aは，遺産を妻X₁，娘X₂，Yに，各3分の1ずつ遺贈する遺言を残し亡くなった。Aは，X₁と別居する少し前からYと交際を開始し，半同棲の状態にあった。Yは，生活をAに頼っていた。X₂は，すでに嫁いでおり，職ももっている。Xらが遺言の無効確認を求めたのに対し，原審は，請求を棄却。Xらから上告。

〔判決〕上告棄却。「原審が適法に確定した，(1)亡Aは妻であるX₁がいたにもかかわらず，Yと遅くとも昭和44年ごろから死亡時まで約7年間いわば半同棲のような形で不倫な関係を継続したものであるが，この間昭和46年1月ころ一時関係を清算しようとする動きがあつたものの，間もなく両者の関係は復活し，その後も継続して交際した，(2)Yとの関係は早期の時点で亡Aの家族に公然となつており，他方亡AとX₁間の夫婦関係は昭和40年ころからすでに別々に生活する等その交流は希薄となり，夫婦としての実体はある程度喪失していた，(3)本件遺言は，死亡約1年？か月前に作成されたが，遺言の作成前後において両者の親密度が特段増減したという事情もない，(4)本件遺言の内容は，妻であるX₁，子であるX₂及びYに全遺産の3分の1ずつを遺贈するものであり，当時の民法上の妻の法定相続分は3分の1であり，X₂がすでに嫁いで高校の講師等をしているなど原判示の事実関係のもとにおいては，本件遺言は不倫な関係の維持継続を目的とするものではなく，もつぱら生計を亡Aに頼つていたYの生活を保全するためにされたものというべきであり，また，右遺言の内容が相続人

らの生活の基盤を脅かすものとはいえないとして，本件遺言が民法90条に違反し無効であると解すべきではないとした原審の判断は，正当として是認することができる」。

$$X_1 = A - Y$$
$$(1/3) \mid 死亡 \quad (1/3)$$
$$X_2 (1/3)$$

当時の法定相続分は，妻 X_1 が 1/3 で，娘 X_2 が 2/3 でした。1/2 ずつだと，どう考えますか？

X_2 が未成年であったら，どうなるでしょうか？

Y に全遺産を遺贈する内容なら，どうなるでしょうか？

取締規定違反の効力　任意規定（91条）との関係で，強行規定を習うと，意思との上下関係がわかります。ところが，テキストには，ここでまた，新しい概念，取締規定が登場します。人によっては，これがつまずきの石となります。取締規定違反の私法上の効力は，必ずしも無効でないと習うからです。

民法の条文は，1条から約1000条まで，一列に書かれているのに，強行規定と任意規定と分かれており，法律によっては，別の効果の規定もあるのに，とくにその優劣は規定されていません。法律は，かなり不親切なのです。

取締規定は，その中でも不親切で，その違反が私法上無効になる場合と，そうでない場合があるとされています。

【判例】最判昭和35・3・18民集14巻4号483頁（無効を生じない場合）〔百Ⅰ・16〕

〔事実〕　X は，Y に精肉を売却したが，Y は，代金を一部しか支払わない。Y は，食品衛生法21条による食肉販売の営業許可をつけていない。X の請求に対し，原審は，X の請求を認容。Y から上告。

第 11 講　裏側から書いてあること，解釈

〔判決〕　棄却。「原判決が所論の訴外会社が本件当時食品衛生法による許可を受けて食肉販売業を営んでいたこと及び自衛隊に対し精肉の納入をしたのは同訴外会社であることを認定判示していることは所論のとおりである。しかし右事実があるからといつて，必ずしも本件売買の買主が右訴外会社であると認定しなければならないものというを得ないから，原判決には所論の違法は存しない。所論はひつきよう原審の専権に属する事実認定を非難するに帰着し，上告適法の理由となすを得ない。

同第二点について。

本件売買契約が食品衛生法による取締の対象に含まれるかどうかはともかくとして同法は単なる取締法規にすぎないものと解するのが相当であるから，Y が食肉販売業の許可を受けていないとしても，右法律により本件取引の効力が否定される理由はない。それ故右許可の有無は本件取引の私法上の効力に消長を及ぼすものではないとした原審の判断は結局正当」。

【判例】最判昭和 39・1・23 民集 18 巻 1 号 37 頁（有毒アラレ事件）（無効を生じる場合）

〔事実〕　食品製造会社 X は，菓子販売業者の Y に対し，アラレ菓子を販売し，その代金支払のために振り出し Y がひきうけた為替手形にもとづいて，Y に対し手形金を請求した。Y は，売買契約の無効を主張。X がアラレに毒性の硼砂の混入があることから販売停止を申し入れたが，Y が売却を促した経緯があった。原審で，X 勝訴。Y から上告。

〔判決〕　破棄自判。「X は判示（イ）（ロ）（ハ）（ニ）の各為替手形各一通額面金額計 43 万 5521 円を振出し，Y は右各手形につき引受をなしたものであるが，右各手形は X から Y に対し昭和 32 年 10 月頃から同 33 年 2 月までの間に売渡したアラレ菓子の右同額の代金の支払のため Y において引受けたものであること，そして右アラレ菓子には食品衛生法に禁止されている硼砂が混入していたこと，元来 X は昭

第11講　裏側から書いてあること，解釈

和31年4月頃から澱粉アラレの製造販売を営み，同32年1月頃から
Yとの間に取引を開始したものであるところ，これに硼砂を使用する
ことの有害なることを当初は知らなかつたが，同年10月末頃新聞紙
上で硼砂を使用したアラレの製造が食品衛生法により禁止されている
ことを知りこれを使用しないでアラレを製造する方法の研究を始める
とともに，Yに対し当分アラレの売却を中止したい旨連絡したところ，
Yは「今はアラレの売れる時期だからどんどん送つて貰いたい，自分
も保健所に出入りしているが，こちらの保健所ではそんなことは何も
云つておらぬ，君には迷惑をかけぬからどんどん送つてほしい」旨申
向け送品の継続を強く要請し，その結果本件の取引が行われたという
のである。

　思うに，有毒性物質である硼砂の混入したアラレを販売すれば，食
品衛生法4条2号に抵触し，処罰を免れないことは多弁を要しないと
ころであるが，その理由だけで，右アラレの販売は民法90条に反し
無効のものとなるものではない。しかしながら，前示のように，アラ
レの製造販売を業とする者が硼砂の有毒性物質であり，これを混入し
たアラレを販売することが食品衛生法の禁止しているものであること
を知りながら，敢えてこれを製造の上，同じ販売業者である者の要請
に応じて売り渡し，その取引を継続したという場合には，一般大衆の
購買のルートに乗せたものと認められ，その結果公衆衛生を害するに
至るであろうことはみやすき道理であるから，そのような取引は民法
90条に抵触し無効のものと解するを相当とする。然らば，すなわち，
Yは前示アラレの売買取引に基づく代金支払の義務なき筋合なれば，
その代金支払の為めに引受けた前示各為替手形金もこれを支払うの要
なく，従つて，これが支払を命じた第一審判決及びこれを是認した原
判決は失当と云わざるを得ず，論旨は理由あるに帰する」。

上記昭和35年判決と昭和39年判決の相違について，考えてくだ
さい。

115

第 11 講　裏側から書いてあること，解釈

錯誤の効果　錯誤の効果は，2017 年の改正までは無効でした。しかし，但書で，表意者の重大な過失でその主張が制限され，判例上，相手方や第三者の無効の主張を制限し，しだいに取消権化の傾向が生じました（最判昭和 40・6・4 民集 19 巻 4 号 924 頁，最判昭和 40・9・10 民集 19 巻 6 号 1512 頁ほか）。ドイツ民法では，取消です（第 1 草案 98 条では無効，第 2 草案から取消となり，現 119 条も取消）。日本では，2017 年改正で，取消権とされました（95 条 1 項）。

次のケースは，人についての錯誤に関する事例です。

【判例】最判昭和 29・2・12 民集 8 巻 2 号 465 頁（小倉陸軍造兵廠事件）

〔事実〕　X 所有の保安林について，小倉陸軍造兵廠の付属技能養成所の所長らが養成所の施設のために買収の交渉をした。戦争中のことで，X はやむをないと考え，買主が国家と誤認して売却した。しかし，終戦後，買主は財団法人 Y と知った。X は，錯誤を理由として，移転登記の抹消を請求した。原審で Y は敗訴，上告。

〔判決〕　棄却。「原判決の引用する第一審判決の認定によれば，本件当事者間に成立した売買の目的物である林野の大部分が正規の保安林であり，他の部分は正規保安林と相俟つて X 等その他の部落民の耕作する本件林地帯に接する畑一八町歩の防風林をなしている関係上，X 等において本件買収を拒んだが，戦争醂の当時の事情から軍部において使用する為の国家の買収なれば已むを得ないものと思惟し，X 等において買主を国家であると誤信して各自の所有部分につき売渡の意思を表示しこれに基ずき買主側において所要の書類を作成して売主等の捺印を徴し茲に Y を買主とする本件売買が成立したというのである。そしてかかる場合において，買主が国であるか Y であるかは主観的にも客観的にも重要の事項に属するものと認むべきであるから，本件売買の買主についての X 等の前記錯誤を以て要素の錯誤であるとする原

第 11 講　裏側から書いてあること，解釈

判示は相当であつて，この点に関する上告理由第一点の所論は理由が
ない。又原判決の引用する第一審判決の認定する本件契約締結の経緯
に照し，X 等の前記錯誤につき同人等に重大なる過失なしとした原判
示も亦相当であるから上告理由第二点の所論も理由がない。その他の
論旨は「最高裁判所における民事上告事件の審判の特例に関する法
律」（昭和 25 年 5 月 4 日法律 138 号）1 号乃至 3 号のいずれにも該当
せず，又同法にいわゆる「法令の解釈に関する重要な主張を含む」も
のと認められない」。

第 12 講　条文に書いていないこと，書いてあること

1　現存利益

原状回復義務の発生　第 9 講では，法律に書いていないことで，法と現実の違うこと（無から有が生じるなど）を対比してみました（具体的には，親亀・子亀と，登記による公示や公信）。以下では，条文にあまり書いていないことで，返還の際の特別な関係をみてみます。こちらは，条文にはなくても，理論はある場合です。

　2017 年の改正で，取消の効果について，規定が追加されました。従来の民法 121 条で，無効で履行されていない場合には，履行義務がなくなるだけではなく，さらに給付がされた場合には，原状回復義務が発生するわけです（121 条の 2 第 1 項）。

　これに対し，無効の効果については，依然として規定がなく，119 条の前のところで，無効で履行義務がなくなると，解釈で付加するわけです。

　従来，121 条の解釈では，未履行の場合に義務が消滅しましたが，既履行の場合には，はるか後方の 703 条以下の不当利得の規定が登場して，返還義務が発生しました。しかも，従来は，それによる不当利得の返還請求権と，545 条の解除の効果の原状回復請求権の相違とのアンバランスもあり，解除の直接効果説，間接効果説の問題が発生しました。

　これが，不当利得の類型論によって，無効・取消で発生する給付利得では原状回復義務が発生することになり，間接効果説的に 704 条を原則とすることで決着したことから，121 条の 2 に，原状回復

義務が明文化されたのです。

「現に利益を受けている限度」 文言上変わったのは，「現に利益を受けている限度」の範囲についてもあります。従来の121条の但書は，新規定の121条の2第3項ですから，制限行為能力者の返還義務がこれにより限定される点は同じです。

しかし，無効の効果として，不当利得返還義務が発生する場合に，703条が適用されるとすれば，「利益の存する限度」で返還義務が生じましたが，新規定で，121条の2第1項の適用されるときには，この限度制限はなく，原状回復義務となります。これは，704条の返還義務と同一と考えられています。契約の清算については，全額返還（原状回復）が必要であり，703条の適用はないとの類型論によるものです。

失踪宣告 現存利益という言葉は，あちこちに出てきます。民法総則では，制限行為能力に関連して，取消の効果と原状回復に関連する場合（121条の2第2項），失踪宣告の取消に関連した場合（32条2項但書），債権各論では，不当利得の返還の範囲（703条）などです。文言上，703条では「利益の存する限度」ですが，同じ意味と解されています。

現存利益は，文字どおりでは，利益がたんに残っているという意味で，物理的に理解することが多いようです。初学者には，失踪宣告がわかりやすいので，これを例にとります。

失踪宣告では，30条の1項の普通失踪と2項の特別失踪の要件に従うと，31条の規定によって，普通失踪では7年の期間満了時に，特別失踪では1年の危難の去った時に，失踪者は，死亡した者とみなされます。

死んだわけですから，残された財産は遺産相続の対象となり，生

第12講　条文に書いていないこと，書いてあること

命保険金もおりるし，生存配偶者は，再婚ができるようになります。

失踪宣告の取消　しかし，実際に死亡したわけではありませんから，蒸発してもよそで生きていて，戻ってくることがあります。とくに，戦時の場合には，死亡の通知が誤っていたことが多く，生きていた英霊の問題が多発したことが知られています。死んだと思っていた恋人が帰るというのは，映画のストーリーにも多く，シェルブールの雨傘（1964年）とか，ウォータールー・ブリッジ（Waterloo Bridge，日本語の標題は「哀愁」，1940年）などがあります。日本では，北朝鮮の拉致被害者が，日本に帰国して失踪宣告の取消を申し立て，取消が決定されたケースが著名です。配偶者が再婚した場合には，重婚の状態が生じるのか，前婚は回復しないのかといった問題も生じます。

　失踪者が生きていた場合や，死亡していた場合でも，31条でみなされる時とは別の時に死んだことが証明されたときには，失踪宣告は取消さなければなりません（32条1項）。生きていれば，相続はできないはずですし，死んでいた場合でも，相続人は被相続人よりも後まで生きていなければならないので，死亡した時間が代わると，相続の順序が変わったりするからです（詳細は，民法のテキストで，同時死亡の推定の32条の2の説明をみてください）。

　たとえば，Aとその子どものBが同じ船舶事故で死亡した場合，同時に死亡したのなら，Aの別の子C（Bの兄弟）がAの財産を相続しますが，BがAよりも後に死亡したのなら，Aの財産は，B・Cで相続しますから，Bの相続分はBの死亡により，さらにその妻Dが相続します（なお，900条3号による兄弟の相続分が4分の1）。

1 現存利益

失踪宣告が取り消された場合の財産の変換　失踪宣告によりAの財産をBが相続した場合，失踪宣告が取消されれば，相続も無効になりますから，Bが相続した財産は，返還しなければなりません（32条2項）。しかし，金銭であれば，使ってしまっていることも多いでしょう。それを全部返せというのは，Bにとって酷になるので，その場合，「現に利益を受けている限度」でだけ，返還する義務をおうのです（同条2項但書）。たとえば，生活費などは相続があろうとなかろうと支出するものです。そこで，相続した金銭を生活費などに使っていても，自分の金銭を使っている場合と同じと考えられ，利益は「現存」することになります。物理的に存在するか否かではありません。

他方，相続したことで，気が大きくなってBが浪費した分は，相続という偶然の事実によりますから，「現存」していないと考えます。宝くじを買って浪費した場合も同様です。このように，有益な支出だと現存して，浪費だと現存しないというのは，おかしいようにみえますが，相続財産を銀行に入れていたら，その銀行がつぶれたという例ではどうでしょうか。相続がなければ預けなかったはずですから，それを返せというのは酷でしょう。

失踪宣告取消前の善意の行為の効力　所有権はAに遡及的に戻りますから，Bは相続しなかったことになります。では，その前に，EがBから土地を取得していた場合を考えてみましょう。AB間で所有権の移転がなければ，BE間の所有権の移転もありませんから（親亀・子亀の理論），Eは代金を払って買った場合でも，土地

第12講 条文に書いていないこと，書いてあること

をAに返還しなければなりません。

　こうした場合，EはBに，代金の返還請求ができるといっても，実際には無意味です。物権法に多く出てくる議論ですが，金銭の請求などは，Bにそれだけの資力がなければ，画餅に帰するのです。こうした議論では，土地が取得できるかどうかが，一番の論点です。試験でも，金銭の請求とか損害賠償を長々と論じる人がいますが，ピントはずれです。

　本題に戻ると，Eが土地を返還すると，いわゆる不測の損害をうけることになるので，取消は，失踪の宣告後，その取消前に善意でした行為の効力に影響を及ぼさないとするのです（32条1項後段）。つまり，BやEが，Bが相続したと本当に思っていたときには（善意の意味については，これもテキストでみてください），返還しなくてもいいというのです。

　この部分は，じつはかなり重要な論点を含んでいます。初学者は，この規定があるから，BE間の売買契約が有効となり，所有権がEに帰属すると考えることが多いようです。

　しかし，日本の民法では，他人の物の売買は，もともと有効です（560条）。つまり，ここで，効力が影響されないのは，契約の話ではなく，所有権の移転の話です。Bに所有権があろうとなかろうと，BE間の売買契約は，失踪宣告の取消によって影響されることはありません。条文は，取消によって影響されるのは，所有権の移転，いわゆる物権行為だけだということを前提にしています。物権法の講義では，売買契約の結果，所有権が移転するのは，契約＝原因行為の効果か，処分行為＝物権行為の効果かという話を聴いて，その際に，物権行為の独自性という話も聴くはずですが，ここでは，その話が先取りされているのです。取消によって，所有権は，Aの

122

ところに戻るはずですが，それは生じないとだけいっているのです。契約は関係ありません。

制限行為能力の制度　制限行為能力者に，受領した金銭の全額返還を義務づけると，消費したときには，実質的に取消権の行使を躊躇するでしょう。「現に利益を受けている限度」では，返還するのは当然ですが，それ以外は免除しています。相手方には迷惑ですが，制限行為能力の制度を設けた以上，一貫しているのです。こうした配慮は，能力者には無用です。そこで，121条の2第1項は，原状回復を定めました。

2　不法原因給付

「不法原因給付」の場合の返還請求　同じように，返還義務が発生しないのですが，別の理由から説明されるものに，「不法原因給付」があります。

たとえば，AがBの妾となる契約をして，Bが対価として月額50万円の支払を約束をしたとしても，契約は公序良俗に反して無効です（民90条）。Bが支払わなかったとしても，Aはその請求を求めることはできません。また，AがBとの間で，ピストルや麻薬などの売買契約をした場合も同様です。Aがピストルを引渡さなくても，Bはその引渡を請求できません。

さらに，妾契約が進んで，Bが支払った後，仲がこじれても，BはAに対して返還を請求することはできません。ピストルの代金をBが先払いしたのに，Aが引渡をしてくれないとしても，Bは代金の返還を請求することはできません。これが，不法原因給付です（民708条）。

90条は，契約の履行前にその債務が無効なことを規定し，708条

第 12 講　条文に書いていないこと，書いてあること

は，履行後に無効な契約にもとづいて給付されたものの返還を請求
できないことを規定しています。無効の効果は，本来は，遡及して
効力がなくなることをいいますから，無効な契約にもとづいて給付
したものは，返還請求できるはずです（121 条 1 項）。給付を移転す
るはずの契約がなくなったからです。

　しかし，不法な原因にもとづいてした給付は，返還請求できない
のです。不法な原因でも返還請求できるということになると，不法
なことをして，後から取り戻そうとする人が増え，結果的に不法な
行為を助長することになるからです。裁判所は，不法なことをする
ことにも，不法な原因による取戻にも，手を貸さないのです。

返還請求を　　　公序良俗違反で，麻薬の売買契約が無効になる
認めた裁判例　（90 条）のは肯定できても，その代金を先払いして
いたときに，不法原因給付で，返還請求できないのは（708 条）肯
定できないという人もいます。悪者が得をすると評価するからです
が，返還請求させると，入手できなければ，金の返還請求ができる
とのモラルハザードを生じることになります。裁判所が不正に手を
貸すことにもなります。

　ただし，密輸資金の貸借の場合だと，受領者と貸与者の違法性の
比較から，返還請求を認めた裁判例もありますので，考えてみてく
ださい。

【判例】最判昭和 29・8・31 民集 8 巻 8 号 1557 頁（カセイソーダ
　　　　密輸資金詐取事件）

　〔事実〕　貸与者 X は，いったん断ったけれども，強く要請されてや
　むなく Y に密輸資金を貸した。受領者の悪質性から，708 条但書とし
　た事例。

　〔判決〕　破棄差戻。「民法第 708 条は社会的妥当性を欠く行為を為し，

2 不法原因給付

その実現を望む者に助力を拒まんとする私法の理想の要請を達せんとする民法第90条と並び社会的妥当性を欠く行為の結果の復旧を望む者に助力を拒まんとする私法の理想の要請を達せんとする規定であるといわれて居る。社会的妥当性を欠く行為の実現を防止せんとする場合はその適用の結果も大体右妥当性に合致するであろうけれども，既に給付された物の返還請求を拒否する場合はその適用の結果は却つて妥当性に反する場合が非常に多いから，その適用については十分の考慮を要するものである。本件は給付の原因たる行為の無効を主張して不当利得の返還請求をするものではなく，消費貸借の有効を主張してその弁済を求あるものである。それ故第一次においては民法90条の問題であるけれども，要物契約である関係上不法の動機の為めの金銭の交付は既に完了してしまつて居り，残るはその返還請求権だけであつてこの請求は何等不法目的を実現せんとするものではない。それ故実質的には前記民法90条に関する私法理想の要請の問題ではなく，同708条に関する該要請の問題であり，その適用の結果は妥当性を欠く場合が多いのであつて，この事を考慮に入れて考えなければならない。

本件において原審の認定した処によると，X は一旦 Y の密輸出計画に賛同したけれども，後にこれを思い止まり Y に対して出資を拒絶した処，Y から「既に密輸出の準備を進めたことでもあるから，せめて一航海の経費として金15万円を貸与して貰いたい」と要請され，（一審判決では強制といつて居る）止むを得ず金15万円を貸与するに至つたのであつて，密輸出に対する出資ではなく通常の貸借である。即ち利益の分配を受けるのでもなく，損失の分担もしないのであり，又貸した金につき Y がこれを密輸出に使用する義務を負担したとか，密輸出に使用することを貸借の要件としたとかいうものでもない（原審認定）。即ち密輸出に使用することは契約の内容とされたわけではなく，X は只密輸出の資金として使用されるものと告げられながら貸与したというだけのことである。されば X は Y の要請により已むを得ず普通の貸金をしたに過ぎないもので，本訴請求が是認されても，もとも

125

と貸した金が返つて来るだけで何等経済上利益を得るわけではない。しかるに若し708条が適用されて請求が棄却されると丸々15万円の損失をしてしまうわけである。これに対してYはXを欺罔して15万円を詐取し，これを遊蕩に費消して居ながら（原審認定）民法90条，708条の適用を受けると右15万円の返還義務もなくなり，甚しい不法不当の利得をすることになるであろう。此の場合Xの貸金の経路において多少の不法的分子があつたとしても右法条を適用せず本訴請求を是認して弁済を得させることと，右法条を適用して前記の如くXの損失においてYに不法な利得をさせることと，何れがより甚しく社会的妥当性に反するかは問う迄もあるまい。考えなければならない処である。前記の如き事実であつて見れば，Xが本件貸金を為すに至つた経路において多少の不法的分子があつたとしても，その不法的分子は甚だ微弱なもので，これをYの不法に比すれば問題にならぬ程度のものである。殆ど不法はYの一方にあるといつてもよい程のものであつて，かかる場合は既に交付された物の返還請求に関する限り民法第90条も第708条もその適用なきものと解するを相当とする。しかるに原審が第708条の法理によりXの請求を棄却したのは法律の解釈適用を誤つた違法あり，此違法は判決主文に影響を及ぼす可能性あること勿論であるから，此点において原判決は破棄を免れない」。

民法708条但書の適用　　古い判例ですが，芸妓契約に関する大判大正13・4・2評論13巻民114頁（共妓マツヨ事件）では，708条但書によって，芸妓の連帯保証人となったXが支払った違約金の返還請求を認めています。この傾向は，しだいに不法性の比較から，不法性の強い側に対して708条但書の適用を認める方法になっています。上記の裁判例（カセイソーダ密輸資金詐取）は，その代表的な例です。

第 13 講　非公式の判例集，法律新聞

1　種々の判例集

現在の判例集　現在の公式判例集は，最高裁だと，最高裁判所（民事・刑事）判例集で，ほかに裁判集（民事・刑事）というのもあります。これらには，民事・刑事判例集よりも多数の判決が掲載されますが，残念なことに販売されていません。裁判所にいけば置いてありますが，大学の図書館にはないことが多いのです。もっとも，最近は便利になり，データベースには入っています。

その他の判例掲載紙は非公式ということになりますが，判例時報，判例タイムス，金融法務事情，金融商事判例など，多数あります。

最高裁判例集に登載のものは，もっとも重要な裁判例という位置づけです。重要度からみると，最高裁裁判集がその次に位置し，非公式の雑誌に掲載のものは，その下ということになっています。しかし，最高裁判例集は，最高裁の判例委員会（各小法廷から2人ずつの裁判官）が編集するもので，重要性も，その判断にすぎないといえます。雑誌掲載の裁判例にも，かなり重要なものもあり，公式判例集に載せたくないようなもの，自信のなさそうなものは，非公式の雑誌によることになります。

最高裁判例集に登載される件数は，年間 60〜70 件で，年間新受件数のほぼ1パーセント程度です（藤田宙靖『最高裁回想録』（2012年）195 頁以下，43 頁）。図書館でみるとわかりますが，年度によってかなり厚さが異なります。最高裁の新受件数は，年間 6000 件，特別抗告や許可抗告なども含めると 9000 件にもなることから，何らかの形でも登載されるものは，ほんの一部ということになります。

第 13 講　非公式の判例集，法律新聞

　最近は，判決文もパソコンで書きますから，電子媒体があり，紙媒体で出るものに比して早く目にすることができます。最高裁判所のホームページでは，「最近の裁判例」の「判例一覧」に，著名な判決文が判決の翌日には載るようになりました。紙媒体で早いのは，裁判所時報（裁時）です。なお，各種のデータベースには，紙媒体にならない判決文がかなり掲載されています。

戦前の判例集　　戦前の公式判例集は，大審院民事・刑事判決録と大審院民事・刑事判例集ですが，やはり登載件数が少ないので，非公式のものによることが必要です。戦前は非公式のものも多くはありません。よく引用されるものに，法律新聞という新聞があります（高木益太郎創刊，1900 年から 1944 年まで）。ただの判例集ではなく，法曹界の記事なども掲載されていて，読み物としてもおもしろいものです。ほかに，法学という東北大学の紀要に載るもの，法律新報，法律評論，最近判例集などもあります。

　法律新聞には，著名な判決もいくつか載っています。法律新聞は大部なので，最近の大学図書館では書庫にしまって開架にはないことが多く，そうなると，ちょっと手にとってみるというわけにはいきません。利用者が少ないことにもよるのでしょう。データーベースは，文献ごとの契約であることから，法律新聞は，利用できる文献に入っていないこともあります。

　ここでは，著名なものとして，カフェー丸玉事件と永代念仏事件を引用しておきます。いずれも，おもに債権総論に関連する裁判例です。

　このカフェー丸玉事件は，心裡留保，公序良俗，効果意思，自然債務，贈与など，いろいろなところに関連しています。

2 カフェー丸玉事件

【判例】 大判昭和 10・4・25 新聞 3835 号 5 頁

〔事実〕 Y は，道頓堀のカフェー丸玉の女給 X と親しい間柄となり，その歓心を買うために，将来の独立資金として 400 円を贈与すると約束した。X がその履行を請求した事件である。1 審も原審も，これを肯定。Y から上告。

〔判決〕 破棄差戻。「斯る環境裡に於て，縦しや一時の興に乗じ，X の歓心を買はんが為め，判示の如き相当多額なる金員の供与を諾約することあるも，之を以て X に裁判上の請求権を付与する趣旨に出でたるものと即断するは相当ならず。寧ろ斯る事情の下に於ける諾約は，諾約者が自ら進で之を履行するときは，債務の弁済たることを失はざらむも，要約者に於て之が履行を強要することを得ざる特殊の債務関係を生ずるものと解するを以て，原審認定の事実に即するものと云ふべく」（原文ひらがな。句読点を追加）。

しかし，差戻審は，「特殊ノ債務」を認めず，X の請求を認容しました。

この事件は，とくに自然債務の事例として著名です。法律新聞には，「酒場の戯れ言」というタイトルがついています。裁判長は，池田寅二郎判事（1879.11.20-1939.2.9）で，検事や司法省の民事局長を経て，のち大審院長（1936 年）をつとめた人です。

3 金銭に見積もりえない給付・永代念仏事件 （判決年月日不詳）

【判例】 東京地判大 2 年（ワ）922 号 新聞 986 号 25 頁

〔事実〕 X の 5，6 代前の祖先 A は，土地を Y 寺に贈与し，Y 寺は土地の処分をしないことと，A 家の祖先のために永代常念仏を僧にさせることを約した。訴訟の経過は明らかでないが，X の Y に対する土地の所有権確認訴訟では，上の約定の有効性が争われた。

第 13 講　非公式の判例集，法律新聞

〔判決〕　浄土宗の教えなど内心の部分については「供養者の為め之
〔贈与〕を受けたる者が往々誦経念仏を為すが如きは単に供養者の為成
仏を希ふの厚意に出づるもの」で，「何等の義務を負担するものに非
ず」とした。

しかし，外形的部分の契約については，「寺院又は僧侶に財物を贈与
するも其意僧侶をして念仏又は他の供養を為さしむるに存し施物は其
念仏供養を為すに就ての資と為さんとする場合に於て之を受けたるも
のが念仏供養等を為すべきことを約したるときは斯る契約は法律上有
効」とする。「内心の作用」についての契約は法律上の効力を生じない
が，誦経礼拝をしたり香華燈明食物を供養することは外形上の行為に
すぎないからである。そして，念仏も，「心中」で念じるだけでなく，
「称名」念仏するときには，外形上の行為の部分についての契約は法律
上有効であり，債務者は，「宗教上の儀式に従ひ荘厳に之を修するの義
務あるもの」で，ただし，「之を修するに当り一心に為すべきことを強
要するを得ざるに過ぎざるもの」とした。

浄土宗の教義としては，一心にしないと功徳はないはずですが，
そうした宗教上の説明は，国家との関係では，一切考慮する必要は
ないとするものです。

なお，大審院の裁判例は，原則として，かたかな文語文ですが，
法律新聞に引用のものには，ときとしてひらがな文語文のものがあ
ります。新聞に記載したときに改めたのか，大審院判事の中にそう
書いた人がいるのかは不明です。この東京地裁判決も，ひらがな書
き，前掲のカフェー丸玉事件の判決文もひらがな書きです。判決文
のその上にある記事が，ひらがなで，しかも口語文ですから，記事
に合わせたのかもしれません。

130

第14講 判例変更

最高裁の 著名な論点でも，判例の変更が行われることは，珍し
判例変更 くありません。短期間に変更が繰り返された例として
は，利息制限法関係の判例があります。前記の芸娼妓契約に関する
大審院の判例も，戦後，最高裁により変更されました。最高裁自身
の変更例では，有責配偶者の離婚判決に関するものがあります。

　前述のように（第10講1），最高裁の判例変更には，大法廷を開
くことが必要になります（裁判所法10条3号）。小法廷ごとに異
なった判断をするのでは困るからです。ちなみに，憲法判断をする
ときにも，小法廷では裁判できません（同条1号，2号）。

　なお，判例変更が行われることは，長い時間がたって，時代背景
が変わったことによるのが一般的な理由です。以下の有責配偶者の
離婚判決がそうですし，大審院判例を最高裁が変更するのも，時代
の変化，時間の経過といえます（芸娼妓契約の判例）。ただ，短期間
に変更されることもあります（利息制限法の判例）。この原因は，おも
に裁判官の入れ代わりによるものです。

　アメリカの最高裁の裁判官は，20年も30年も裁判官職にとどま
ることがあり，一般に長期です。アメリカには政権交替があるので，
裁判官を任命する大統領が，自分が退職した後も，自分の政党に近
い裁判官を長く残したいと考えて，比較的若い者を任命するからで
す。議会が裁判官の承認をすることと並んで，三権分立がうまく機
能しています。

　これに対し，日本では，政権交替がないので，影響力を将来に残
すというような考慮をする必要がなく，老齢の者が任命されるので

131

す。最高裁の裁判官は，職業裁判官職の上がりのポストと考えられていることにもよります。在任期間は，最高裁の発足時にはもっと長かったのですが，だんだん短くなり，このごろでは，在任期間は4，5年でしょう。短期で，すっかり顔ぶれが変わるので，民法や商法の事件では，容易に法廷での多数・少数の関係も変わるのです。

有責配偶者の離婚請求　有責配偶者の離婚請求の否定は，みずから離婚原因を作り出した配偶者の離婚請求を認めない法理です。法律上，禁反言，エストッペルの観点は，しばしば登場し，その1つでもあります。沿革上は，古く1907年にスイス民法が，婚姻破綻が一方当事者の有責によるときには，他方の配偶者のみが離婚請求ができるとしました（142条2項）。また，1946年のドイツ婚姻法も，他方配偶者に離婚についての異議を認めました（48条2項）。日本でも，最高裁は，1952年に有責配偶者の離婚請求を否定し，以後同旨の判例を重ねました（同旨，最判昭和29・11・5民集8巻11号2023頁，最判昭和29・12・14民集8巻12号2143頁ほか）。

有責配偶者の離婚制限判決　【判例】最判昭和27・2・19民集6巻2号110頁（踏んだり蹴ったり判決）

〔事実〕　夫Xは，情婦Aが子を懐胎した後，妻Yのもとを去って，Aと同棲した。Xからの離婚請求事件である。原審でX敗訴。

〔判決〕　上告棄却。「論旨第1点に対する判断。

　Yが原判決判示の如くXに水をかけたとか，ほうきでたたいた等の行為をしたことは誠にはしたないことであり，穏当をかくものではあるが右様のことをするにいたつたのはXがYと婚姻中であるにかかわらず婚姻外のAと情交関係を結び同女を妊娠せしめたことが原因となつたことは明らかであり，いわばX自ら種子をまいたものであるし，原審が認定した一切の事実について判断するとYの判示行為は情において宥恕すべきものがあり，未だ旧民法第813条5号に規定する「同

第 14 講　判 例 変 更

居に堪えざる虐待又は重大なる侮辱」に当らないと解するを相当とする，従つて右と同趣旨である原判決は正当であつて論旨は理由がない。

同第 2 乃至第 4 点に対する判断。

論旨では本件は新民法 770 条 1 項 5 号にいう婚姻関係を継続し難い重大な事由ある場合に該当するというけれども，原審の認定した事実によれば，婚姻関係を継続し難いのは X が妻たる Y を差し置いて他に情婦を有するからである。X さえ情婦との関係を解消し，よき夫として Y のもとに帰り来るならば，何時でも夫婦関係は円満に継続し得べき筈である，即ち X の意思如何にかかることであつて，かくの如きは未だ以て前記法条にいう「婚姻を継続し難い重大な事由」に該当するものということは出来ない，（論旨では Y の行き過ぎ行為を云為するけれども，原審の認定によれば，Y の行き過ぎは全く嫉妬の為めであるから，嫉妬の原因さえ消滅すればそれも直ちに無くなるものと見ることが出来る）X は X の感情は既に X の意思を以てしても，如何ともすることが出来ないものであるというかも知れないけれども，それも所詮は X の我儘である。結局 X が勝手に情婦を持ち，その為め最早 Y とは同棲出来ないから，これを追い出すということに帰着するのであつて，もしかかる請求が是認されるならば，Y は全く俗にいう<u>踏んだり蹴たりである</u>。法はかくの如き不徳義勝手気儘を許すものではない。道徳を守り，不徳義を許さないことが法の最重要な職分である。総て法はこの趣旨において解釈されなければならない。論旨では X の情婦の地位を云為するけれども，同人の不幸は自ら招けるものといわなければならない，妻ある男と通じてその妻を追い出し，自ら取つて代らんとするが如きは始めから間違つて居る。或は男に欺された同情すべきものであるかも知れないけれども少なくとも過失は免れない，その為め正当の妻たる Y を犠牲にすることは許されない。戦後に多く見られる男女関係の余りの無軌道は患うべきものがある。本訴の如き請求が法の認める処なりとして当裁判所において是認されるならば右の無軌道に拍車をかける結果を招致する虞が多分にある。論旨で

第 14 講　判 例 変 更

は裁判は実益が無ければならないというが，本訴の如き請求が猥りに許されるならば実益どころか実害あるものといわなければならない。所論 X と情婦との間に生れた子は全く気の毒である，しかしその不幸は両親の責任である，両親において十分その責を感じて出来るだけその償を為し，不幸を軽減するに努力しなければならない，子供は気の毒であるけれども，その為め Y の犠牲において本訴請求を是認することは出来ない。前記民法の規定は相手方に有責行為のあることを要件とするものでないことは認めるけれども，さりとて前記の様な不徳義，得手勝手の請求を許すものではない。原判決は用語において異る処があるけれども結局本判決と同趣旨に出たもので，その終局の判断は相当であり論旨は総て理由なきに帰する。（本件の如き事案は固より複雑微妙なものがあり，具体的事情を詳細に調べて決すべきもので，固より一概に論ずることは出来ない。しかし上告審は常に原審の認定した事実に基いて判断すべきものであり，本件において原審の認定した事実によれば判断は右以外に出ない）」

有責配偶者の
離婚請求の認容　　有責配偶者の離婚請求を否定する法理は，30 年以上確立していましたが，反面，法律婚の形骸化と事実婚の夫婦の存在をもたらしました。そして，下級審の判例にも不統一が生じたことから，最高裁は，判例変更するに至りました。

【判例】昭和 62・9・2 民集 41 巻 6 号 1423 頁（有責配偶者の離婚請求認容事件）〔百Ⅲ第 2 版・15〕

〔事実〕　10 年間子のない夫婦が，養子を得たことにより，夫がその養子の母と情交関係を生じた結果，夫婦は別居し，夫とその女性は同棲し，以来 30 年を経過して 2 度目の離婚請求をしたが，1・2 審とも前回同様敗訴した。

〔判決〕　破棄差戻。「思うに，婚姻の本質は，両性が永続的な精神的及び肉体的結合を目的として真摯な意思をもつて共同生活を営むこと

第14講 判例変更

にあるから，夫婦の一方又は双方が既に右の意思を確定的に喪失すると
とともに，夫婦としての共同生活の実体を欠くようになり，その回復
の見込みが全くない状態に至つた場合には，当該婚姻は，もはや社会
生活上の実質的基礎を失つているものというべきであり，かかる状態
においてなお戸籍上だけの婚姻を存続させることは，かえつて不自然
であるということができよう。しかしながら，離婚は社会的・法的秩
序としての婚姻を廃絶するものであるから，離婚請求は，正義・公平
の観念，社会的倫理観に反するものであつてはならないことは当然で
あつて，この意味で離婚請求は，身分法をも包含する民法全体の指導
理念たる信義誠実の原則に照らしても容認されうるものであることを
要するものといわなければならない。

　3　そこで，5号所定の事由による離婚請求がその事由につき専ら責
任のある一方の当事者（以下「有責配偶者」という。）からされた場合
において，当該請求が信義誠実の原則に照らして許されるものである
かどうかを判断するに当たつては，有責配偶者の責任の態様・程度を
考慮すべきであるが，相手方配偶者の婚姻継続についての意思及び請
求者に対する感情，離婚を認めた場合における相手方配偶者の精神
的・社会的・経済的状態及び夫婦間の子，殊に未成熟の子の監護・教
育・福祉の状況，別居後に形成された生活関係，たとえば夫婦の一方
又は双方が既に内縁関係を形成している場合にはその相手方や子らの
状況等が斟酌されなければならず，更には，時の経過とともに，これ
らの諸事情がそれ自体あるいは相互に影響し合つて変容し，また，こ
れらの諸事情のもつ社会的意味ないしは社会的評価も変化することを
免れないから，時の経過がこれらの諸事情に与える影響も考慮されな
ければならないのである。

　そうであつてみれば，有責配偶者からされた離婚請求であつても，
夫婦の別居が両当事者の年齢及び同居期間との対比において相当の長
期間に及び，その間に未成熟の子が存在しない場合には，相手方配偶
者が離婚により精神的・社会的・経済的に極めて苛酷な状態におかれ

135

第 14 講　判 例 変 更

る等離婚請求を認容することが著しく社会正義に反するといえるような特段の事情の認められない限り，当該請求は，有責配偶者からの請求であるとの一事をもつて許されないとすることはできないものと解するのが相当である。けだし，右のような場合には，もはや 5 号所定の事由に係る責任，相手方配偶者の離婚による精神的・社会的状態等は殊更に重視されるべきものでなく，また，相手方配偶者が離婚により被る経済的不利益は，本来，離婚と同時又は離婚後において請求することが認められている財産分与又は慰藉料により解決されるべきものであるからである。

　　4　以上説示するところに従い，最高裁昭和 24 年（オ）第 187 号同 27 年 2 月 19 日第 3 小法廷判決・民集 6 巻 2 号 110 頁，昭和 29 年（オ）第 116 号同年 11 月 5 日第 2 小法廷判決・民集 8 巻 11 号 2023 頁，昭和 27 年（オ）第 196 号同 29 年 12 月 14 日第 3 小法廷判決・民集 8 巻 12 号 2143 頁その他上記見解と異なる当裁判所の判例は，いずれも変更すべきものである」。

　最高裁は，770 条 1 項 5 号には請求棄却の規定がないから有責配偶者の離婚請求の一事をもって，これを棄却することはできないとして判例を変更し，しかし，正義・公平・社会的倫理に反する請求は許されないから，信義誠実の原則に照らして請求が容認されうるや否やを審理すべきとしたわけです。そして長期別居や未成年の子のない配偶者は，極めて精神的・社会的・経済的に苛酷におちいらざるかぎり，有責配偶者の離婚請求であってもこれを拒否できないとしました。

　その後，長期の別居の期間について，8 年（最判平成 2・11・8 家月 43 巻 3 号 72 頁），9 年（最判平成 5・11・2 家月 46 巻 9 号 40 頁）の離婚が認められました。

第15講　将来のこと

1　債権の優越的地位

債権の地位の変化　ここで，現代における財や富の形態から法典の体系を考えてみたいと思います。

日本の民法の体系は，前述のようにパンデクテンの方式です。しかし，日本の民法とドイツ民法典は同じではありません。ドイツでは，第1編民法総則，第2編債権，第3編物権ですが，日本では，物権と債権の関係が逆になっています。その理由は，当時の日本は，まだ農業国だったので，物権の方が意義が大きかったからだとされています。しかし，その後，100年以上を経て，債権の地位が高まりました。

古くは，物に対する直接支配が重視されましたが（所有権の絶対性），しだいに，金銭そのものの価値，さらには債権を保有することの価値が重視されるようになってきています。これが，「近代法における債権の優越的地位」（我妻栄）であり，金銭債権によって企業をも支配することが可能となり，間接的には物と人をも支配できるようになっています。

こうした強い支配は，担保の中味についてもいえることです。かつては人的担保に対する物的担保の優位がありました。1000万円の債権に1500万円の不動産の抵当権があれば，安全であり，人に依存する人的担保は不安定なものであるとして，銀行も，抵当権を絶対視していました。

しかし，1990年代のバブル経済の崩壊によって，不動産の価値が500万円に下がったり，そもそも売れない状態が生じ，債権がイ

第 15 講 将来のこと

良債権化しました。そこで，人をみて将来性にかける，人的担保の優越が生じたのです。そして，現在では，担保の対象は不動産だけではなく，無体財産，売掛債権のような流動資産がより重視されます。ここに，担保の多様性（代理受領，振込指定，相殺，債権譲渡，譲渡担保，所有権留保など）の契機があり，民法の領域でも，非典型の担保が活用されています。土地のみを重視するのは，現物経済が中心であった伝統によるものです。

　算定の方法にもよりますが，不動産を担保とする債権総額は，160 兆円程度であるのに対し，売掛代金債権額はこれを超え，棚卸資産額は 100 兆円，住宅ローン総額も 180 兆円になります。法律問題も，こうした実態を反映して，不動産の典型担保だけではなく，債権質，相殺の担保的機能などが問題となり，今日では債権担保はいっそう重要性を増しています。集合動産や集合債権譲渡担保，それを基礎とする債権の流動化が問題となります。

　小説に見える　財産に対する態度が時代により変遷する例は，早
　権利の価値　くに，V・ユゴーの『モンテクリスト伯』にみられます。ユゴーはその中で，銀行家のダングラールに次のようにいわせています。「自分の才覚では，1000 万フラン以下の金をもっても年に 50 万フランの歳入をえることができるが，イタリアの貴族は金儲けを知らないから，財産を働かせることができず，古金や宝石を倉にしまって不生産的な事をしている」（年利 5% ということです）。

　司馬遼太郎の『国盗り物語』にも，のちに斉藤道三となる庄九郎が，入り婿に入った奈良屋が八幡宮からの営業許可状を燃やされて潰され，自分の名の山崎屋で許可状をえて復活したことを述べています。「〔妻の〕お万阿は，変な顔をしている。なるほど，いったん

138

は神人どもに取りつぶされた営業権が，庄九郎のあざやかな才智で復活はした。しかしあっというまに奈良屋が消え，山崎屋が誕生している」。

つまり，物質的な財産よりも，抽象的な権利のほうが価値があるということを表しています。権利の価値が大きくなるのは，資本主義の出現を待つ必要はないのです。

2　将来債権の譲渡化—医療債権の担保

将来債権の譲渡　**2017 年の改正法は，将来債権の譲渡性について，に関する裁判例**　判例理論を明文化する規定をおきました（466 条の 6）。この基礎になった裁判例は，以下のものです。

【判例】最判平成 11・1・29 民集 53 巻 1 号 151 頁（将来債権の譲渡）〔百Ⅱ・26〕

〔事実〕医師 A は，Y リース会社との間で，リース債権の担保として，B 社会保険診療報酬支払基金から支払をうける診療報酬債権を，8 年余に渡り Y に譲渡する契約をした。X は，A に対する国税の滞納処分として，同じ診療報酬債権を差押えた。X は，Y を相手方として，B により供託された診療報酬債権の還付請求権が自分にあることの確認を求めた。原審で X 勝訴。

〔判決〕破棄自判（X の請求棄却）。「（一）債権譲渡契約にあっては，譲渡の目的とされる債権がその発生原因や譲渡に係る額等をもって特定される必要があることはいうまでもなく，将来の一定期間内に発生し，又は弁済期が到来すべき幾つかの債権を譲渡の目的とする場合には，適宜の方法により右期間の始期と終期を明確にするなどして譲渡の目的とされる債権が特定されるべきである。

ところで，原判決は，将来発生すべき診療報酬債権を目的とする債権譲渡契約について，一定額以上が安定して発生することが確実に期

第 15 講　将来のこと

待されるそれほど遠い将来のものではないものを目的とする限りにおいて有効とすべきものとしている。しかしながら，将来発生すべき債権を目的とする債権譲渡契約にあっては，契約当事者は，譲渡の目的とされる債権の発生の基礎を成す事情をしんしゃくし，右事情の下における債権発生の可能性の程度を考慮した上，右債権が見込みどおり発生しなかった場合に譲受人に生ずる不利益については譲渡人の契約上の責任の追及により清算することとして，契約を締結するものと見るべきであるから，右契約の締結時において右債権発生の可能性が低かったことは，右契約の効力を当然に左右するものではないと解するのが相当である。

　（二）もっとも，契約締結時における譲渡人の資産状況，右当時における譲渡人の営業等の推移に関する見込み，契約内容，契約が締結された経緯等を総合的に考慮し，将来の一定期間内に発生すべき債権を目的とする債権譲渡契約について，右期間の長さ等の契約内容が譲渡人の営業活動等に対して社会通念に照らし相当とされる範囲を著しく逸脱する制限を加え，又は他の債権者に不当な不利益を与えるものであると見られるなどの特段の事情の認められる場合には，右契約は公序良俗に反するなどとして，その効力の全部又は一部が否定されることがあるものというべきである。

　（三）所論引用に係る最高裁昭和 51 年（オ）第 435 号同 53 年 12 月 15 日第 2 小法廷判決・裁判集民事 125 号 839 頁は，契約締結後 1 年の間に支払担当機関から医師に対して支払われるべき診療報酬債権を目的とする債権譲渡契約の有効性が問題とされた事案において，当該事案の事実関係の下においてはこれを肯定すべきものと判断したにとどまり，将来発生すべき債権を目的とする債権譲渡契約の有効性に関する一般的な基準を明らかにしたものとは解し難い。

　2　以上を本件について見るに，本件契約による債権譲渡については，その期間及び譲渡に係る各債権の額は明確に特定されていて，Y 以外の A の債権者に対する対抗要件の具備においても欠けるところはない。

2 将来債権の譲渡化―医療債権の担保

　ＡがＹとの間に本件契約を締結するに至った経緯，契約締結当時のＡの資産状況等は明らかではないが，診療所等の開設や診療用機器の設置等に際して医師が相当の額の債務を負担することがあるのは周知のところであり，この際に右医師が担保として提供するのに適した不動産等を有していないことも十分に考えられるところである。このような場合に，医師に融資する側からすれば，現に担保物件が存在しなくても，この融資により整備される診療施設によって医師が将来にわたり診療による収益を上げる見込みが高ければ，これを担保として右融資を実行することには十分な合理性があるのであり，融資を受ける医師の側においても，債務の弁済のために，債権者と協議の上，同人に対して以後の収支見込みに基づき将来発生すべき診療報酬債権を一定の範囲で譲渡することは，それなりに合理的な行為として選択の対象に含まれているというべきである。このような融資形態が是認されることによって，能力があり，将来有望でありながら，現在は十分な資産を有しない者に対する金融的支援が可能になるのであって，医師が右のような債権譲渡契約を締結したとの一事をもって，右医師の経済的な信用状態が当時既に悪化していたと見ることができないのはもとより，将来において右状態の悪化を招来することを免れないと見ることもできない。現に，本件において，Ａにつき右のような事情が存在したことをうかがわせる証拠は提出されていない。してみると，Ａが本件契約を締結したからといって，直ちに，本件債権部分に係る本件契約の効力が否定されるべき特段の事情が存在するということはできず，他に，右特段の事情の存在等に関し，主張立証は行われていない」。

差押の
効果　なお，二重譲渡と同じことになりますが，差押は，対抗要件を具備した譲渡とほぼ同一の効果があります。たとえば，ＡがＢに譲渡した物が，二重にＣによって差押えられた場合です。Ｂに登記がなければ，Ｃが優先しますが（登記があるのと同様に），先にＢの登記があれば，差押えの方が無効になって，Ｂが優先します。こうした効果は，差押を対抗要件を具備した譲渡と

第15講　将来のこと

ほぼ同じ効力にすることが当事者の利益配分にもっとも妥当なことから，そう制度設計されているためです。

小説に見える　　医院の開業に多額の資金を必要とすること，そ
将来債権の譲渡　　の際に，将来の収入を担保とすることは，昔から考えられていました。コナン・ドイル（Arthur Conan Doyle, 1859-1930）のホームズ・シリーズの『患者兼同居人』（The Resident Patient 三上於菟吉訳・大久保ゆう改訳，青空文庫）に，医師に金を出して，自分は患者として同居し，診療報酬から弁済をうける話があります。1893 年の作品で，日本ではまだ明治時代の話です。イギリスの資本主義の発達が早かったことをうかがわせます。

「志ある専門医は，キャヴェンディッシュ・スクエア付近の 12 の街のひとつに開業せねばならず，そのうちのどこも莫大な賃料と，調度のための支出を必要とします。この初期投資のほかに，数年分の生活費と体裁の良い馬車を雇う金も用意せねばなりません。このようなことは，まったく私の力の及ばぬところで，倹約すれば 10 年後には開業できるくらい蓄えができるかも，と期待することしかできませんでした」。

「わし〔出資者〕は家を手に入れて，調度を揃える，お女中の給金を払う，つまりその場の取り仕切りを全部やる。あなたのやることといったら，診察室で椅子をすり減らすことだけです。小遣いも何もわしがすべて世話をする。その代わり，稼ぎの 4 分の 3 をわしに渡すこと。残りの 4 分の 1 があなたのものだ」。

この約束のもと，開業後に，出資者は「毎晩，同じ時間に診察室へ入ってきて，帳簿を調べ，私〔医師〕の稼ぎとして 1 ギニィに 5 シリングと 3 ペンス置いて，残りを持っていって，自分の部屋の金庫にしまうのです」（「ギニー」は，当初銀貨 20 シリングと等価であっ

142

たが，一時 30 シリングになり，1717 年から 21 シリングに固定された。
〈ギニー〉の名は，アフリカ西海岸ギニア Guinea 産の金を使用して最初
に造られたことから起こったもので，金貨でなくなった後も，21 シリン
グ（1 ポンド）の価格をあらわす計算単位の名称として用いられた）。

判例の変遷　　　将来債権の譲渡に関する判例には，かつて最判昭和
53・12・15 判時 916 号 25 頁がありました。同判決
は，医師 A がその診療報酬支払基金への請求権を債権者 Y に譲渡
したが（1 年分），他の債権者 X が差し押さえ，取立命令を取得し
たケースです（Y 勝訴）。

判決は，将来債権でも，それほど遠い将来のものでなく，現在す
でに債権発生の原因が確定し，発生が確実に予測しえれば，始期と
終期を特定して権利の範囲を確定して譲渡できる，としました。そ
の文言が比較的限定的であったことから，上記平成 11 年判決まで，
限定的な執行実務を生み出すこととなりました（東京高決昭和 54・
9・19 判時 944 号 60 頁や札幌高決昭和 60・10・16 判タ 586 号 82 頁は，
1 年を限度としました。ただし，下級審判決で，将来の賃料債権では，7
年とするものもありました）。時代的な制約であったといえます。

しかし，上記の最判平成 11・1・29 民集 53 巻 1 号 151 頁は，制
度的な制限はないものとしました（診療報酬債権，8 年）。すなわち，

①将来債権が見込みどおりに発生しない場合の譲受人の不利益は，
譲渡人の契約責任の追及により清算され，発生の可能性が低いこと
は契約の効力を左右しない（この点では限定する必要はなく，譲渡の
有効性に重要なのは，譲渡契約の内容確定である）。債権不発生のリス
ク配分の観点からは，譲受人が承認していれば問題はない（取得で
きないから契約が無効なのではなく，リスクは譲受人が負担するのであ
る）。

第 15 講　将来のこと

②もっとも，譲渡人の営業活動に対して社会通念に照らし相当とされる範囲をいちじるしく逸脱する場合，または他の債権者に不当な不利益を与える場合には，公序良俗に反することがある（譲渡の否定は例外と位置づけられる）。

③上述の昭和 53 年判決は，事例判決であって（請求自体が 1 年分であった），将来債権の譲渡契約の有効性に一般的な基準を明らかにしたものではない，とするものです。

類似の問題　同じような開業のための融資は，医師に限らず，弁護士でもよさそうです。将来の収入を担保にすることはできるでしょうか。さらに，ロースクールの学生ではどうでしょうか。

第16講　補遺─演習用裁判例

　本文の裁判例には，大審院のものもあり，むずかしいと思われる
場合もありますので，以下のものを補遺として挙げておきます。

① 　大判昭和 4・3・30 民集 8 巻 363 頁（履行補助者・恒栄丸難破
　　事件）〔百Ⅱ・5〕
　〔事実〕 Y_1 は，X 所有の恒久丸を借り，X の承諾をえて船を Y_2 に
転貸した。船は，Y_2 の雇用した船長により朝鮮沖で座礁・沈没した。
X は，Y らに損害賠償を請求した。原審は，船長の過失だけを認定し，
Y らは敗訴した。Y らから上告。
　〔判決〕 上告棄却。「債務者が，債務履行の為，他人を使用する場合
に在りては，債務者は，自ら其の被用者の選任監督に付過失なきこと
を要するは勿論，此の外尚ほ其の他人を使用して債務の履行を為さし
むる範囲に於ては，被用者をして其の為すべき履行に伴ひ必要なる注
意を尽さしむ可き責を免れざるものにして，使用者たる債務者は，其
の履行に付，被用者の不注意より生じたる結果に対し，債務の履行に
関する一切の責任を回避することを得ざるものと云はざる可からず。
蓋し債務者は，被用者の行為を利用して其の債務を履行せんとするも
のにして，此の範囲内に於ける被用者の行為は，即債務者の行為その
ものに外ならざるを以てなり」（ひらがなに改め，句読点を追加）。
　船の関係では，416 条の損害賠償の算定に関する富貴丸事件（大
判大正 15・5・22 民集 5 巻 386 頁）が著名であり，ときどき混同され
ることがあります。

② 　最判昭和 50・2・25 民集 29 巻 2 号 143 頁（安全配慮義務）

第 16 講　補遺―演習用裁判例

〔百 II・2〕

〔事実〕　自衛隊員 A は，自衛隊の駐屯地の整備工場で作業中，同僚 B の運転する車両に引かれて死亡した。A の両親の X らは，国家公務員災害補償金の支給をうけたが，その後，国 Y に対して損害賠償請求を行った。原審は，X の請求を棄却。

〔判決〕　破棄差戻。「思うに，国と国家公務員（以下「公務員」という。）との間における主要な義務として，法は，公務員が職務に専念すべき義務（国家公務員法 101 条 1 項前段，自衛隊法 60 条 1 項等）並びに法令及び上司の命令に従うべき義務（国家公務員法 98 条 1 項，自衛隊法 56 条，57 条など）を負い，国がこれに対応して公務員に対し給与支払義務（国家公務員法 62 条，防衛庁職員給与法 4 条以下等）を負うことを定めているが，国の義務は右の給付義務にとどまらず，国は，公務員に対し，国が公務遂行のために設置すべき場所，施設もしくは器具等の設置管理又は公務員が国もしくは上司の指示のもとに遂行する公務の管理にあたつて，公務員の生命及び健康等を危険から保護するよう配慮すべき義務（以下「安全配慮義務」という。）を負つているものと解すべきである。もとより，右の安全配慮義務の具体的内容は，公務員の職種，地位及び安全配慮義務が問題となる当該具体的状況等によつて異なるべきものであり，自衛隊員の場合にあつては，更に当該勤務が通常の作業時，訓練時，防衛出動時（自衛隊法 76 条），治安出動時（同法 78 条以下）又は災害派遣時（同法 83 条）のいずれにおけるものであるか等によつても異なりうべきものであるが，国が，不法行為規範のもとにおいて私人に対しその生命，健康等を保護すべき義務を負つているほかは，いかなる場合においても公務員に対し安全配慮義務を負うものではないと解することはできない。けだし，右のような安全配慮義務は，ある法律関係に基づいて特別な社会的接触の関係に入つた当事者間において，当該法律関係の付随義務として当事者の一方又は双方が相手方に対して信義則上負う義務として一般的に認められるべきものであつて，国と公務員との間においても別異に解

第 16 講　補遺―演習用裁判例

すべき論拠はなく，公務員が前記の義務を安んじて誠実に履行するためには，国が，公務員に対し安全配慮義務を負い，これを尽くすことが必要不可欠であり，また，国家公務員法 93 条ないし 95 条及びこれに基づく国家公務員災害補償法並びに防衛庁職員給与法 27 条などの災害補償制度も国が公務員に対し安全配慮義務を負うことを当然の前提とし，この義務が尽くされたとしてもなお発生すべき公務災害に対処するために設けられたものと解されるからである。

そして，会計法 30 条が金銭の給付を目的とする国の権利及び国に対する権利につき 5 年の消滅時効期間を定めたのは，国の権利義務を早期に決済する必要があるなど主として行政上の便宜を考慮したことに基づくものであるから，同条の 5 年の消滅時効期間の定めは，右のような行政上の便宜を考慮する必要がある金銭債権であつて他に時効期間につき特別の規定のないものについて適用されるものと解すべきである。そして，国が，公務員に対する安全配慮義務を懈怠し違法に公務員の生命，健康等を侵害して損害を受けた公務員に対し損害賠償の義務を負う事態は，その発生が偶発的であつて多発するものとはいえないから，右義務につき前記のような行政上の便宜を考慮する必要はなく，また，国が義務者であつても，被害者に損害を賠償すべき関係は，公平の理念に基づき被害者に生じた損害の公正な填補を目的とする点において，私人相互間における損害賠償の関係とその目的性質を異にするものではないから，国に対する右損害賠償請求権の消滅時効期間は，会計法 30 条条所定の 5 年と解すべきではなく，民法 167 条 1 項により 10 年と解すべきである」。

安全配慮義務に関する裁判例は，最高裁のレベルでも，その他にもたくさんあります。

③　最判平成 15・4・8 民集 57 巻 4 号 337 頁（ATM による払戻）
　〔百 II・35〕
　〔事実〕　X は，Y 銀行で預金口座を開き，通帳とキャッシュカード

147

第 16 講　補遺―演習用裁判例

の交付をうけた。この通帳は，暗唱番号で預金の引き出しが可能なものであったが，Xはそれを知らなかった。Xが通帳を自動車のダッシュボードに入れておいたところ，車ごと盗難にあい，800万円余の引き出しが行われた。Xは，その払戻の無効を主張し，預金の返還を求めた。原審は，Xの請求を棄却。Xから上告受理の申立。

〔判決〕　破棄自判「(1)　無権限者のした機械払の方法による預金の払戻しについても，民法 478 条の適用があるものと解すべきであり，これが非対面のものであることをもって同条の適用を否定すべきではない。

　債権の準占有者に対する弁済が民法 478 条により有効とされるのは弁済者が善意かつ無過失の場合に限られるところ，債権の準占有者に対する機械払の方法による預金の払戻しにつき銀行が無過失であるというためには，払戻しの際に機械が正しく作動したことだけでなく，銀行において，預金者による暗証番号等の管理に遺漏がないようにさせるため当該機械払の方法により預金の払戻しが受けられる旨を預金者に明示すること等を含め，機械払システムの設置管理の全体について，可能な限度で無権限者による払戻しを排除し得るよう注意義務を尽くしていたことを要するというべきである。その理由は，次のとおりである。

　機械払の方法による払戻しは，窓口における払戻しの場合と異なり，銀行の係員が預金の払戻請求をする者の挙措，応答等を観察してその者の権限の有無を判断したり，必要に応じて確認措置を加えたりするということがなく，専ら使用された通帳等が真正なものであり，入力された暗証番号が届出暗証番号と一致するものであることを機械的に確認することをもって払戻請求をする者が正当な権限を有するものと判定するものであって，真正な通帳等が使用され，正しい暗証番号が入力されさえすれば，当該行為をする者が誰であるのかは全く問われないものである。このように機械払においては弁済受領者の権限の判定が銀行側の組み立てたシステムにより機械的，形式的にされるもの

であることに照らすと，無権限者に払戻しがされたことについて銀行が無過失であるというためには，払戻しの時点において通帳等と暗証番号の確認が機械的に正しく行われたというだけでなく，機械払システムの利用者の過誤を減らし，預金者に暗証番号等の重要性を認識させることを含め，同システムが全体として，可能な限度で無権限者による払戻しを排除し得るよう組み立てられ，運営されるものであることを要するというべきである。

　(2)　前記事実関係によれば，Yは，通帳機械払のシステムを採用していたにもかかわらず，その旨をカード規定等に規定せず，預金者に対する明示を怠り（なお，記録によれば，Yにおいては，現金自動入出機の設置場所に「ATMご利用のお客様へ」と題する書面を掲示し，「当行の通帳・カードをご利用のお客様」の払戻手数料を表示していたことがうかがわれるが，これでは預金者に対する明示として十分とはいえない。)，Xは，通帳機械払の方法により預金の払戻しを受けられることを知らなかったというのである。無権限者による払戻しを排除するためには，預金者に対し暗証番号，通帳等が機械払に用いられるものであることを認識させ，その管理を十分に行わせる必要があることにかんがみると，通帳機械払のシステムを採用する銀行がシステムの設置管理について注意義務を尽くしたというためには，通帳機械払の方法により払戻しが受けられる旨を預金規定等に規定して預金者に明示することを要するというべきであるから，Yは，通帳機械払のシステムについて無権限者による払戻しを排除し得るよう注意義務を尽くしていたということはできず，本件払戻しについて過失があったというべきである。もっとも，前記事実関係によれば，Xは，本件暗証番号を本件車両の自動車登録番号の4桁の数字と同じ数字とし，かつ，本件通帳をダッシュボードに入れたまま本件車両を自宅近くの駐車場に駐車していたために，何者かにより本件通帳を本件車両ごと盗まれ，本件暗証番号を推知されて本件払戻しがされたものと認められるから，本件払戻しがされたことについてはXにも帰責事由が存するというべ

第16講　補遺―演習用裁判例

きであるが，この程度の帰責事由をもって Y に過失があるとの前記判断を覆すには足りない。

　したがって，本件払戻しについて，民法478条により弁済の効力を認めることはできない」。

④　大判大正3・7・4刑録20輯1360頁（雲右衛門レコード事件）

　〔事実〕　有名な浪曲師の桃中軒雲右衛門は，赤垣源蔵などの物語に独特の節まわしをつけてレコードに吹き込んだ。著作に著作権の登録をうけて，ドイツ人 X に譲渡した。X は，レコードを発売したが，Y が同じレコードを複製販売したので，著作権法違反の刑事事件に付帯して損害賠償を請求した（民録ではなく，刑録に所収されているのはそのため）。原審で，Y は有罪となり，損害賠償責任も認められた。Y から上告。

　〔判決〕　破棄自判。「之に反して其楽曲か確乎たる旋律を包含せすして，純然たる即興的且瞬間的創作に過きさるときは，其楽曲は偶々新旋律を包含するも，著作権の目的たるを得す。蓋し浪花節の如き比較的音階曲節に乏しき低級音楽に在りては，演奏者は，多くは演奏の都度，多少其音階曲節に変化を与へ，因て以て興味の減退を防き，聴聞者の嗜好を繋くの必要あるを以て，機に臨み変に応して瞬間創作を為すを常とし，其旋律は常に必すしも一定するものにあらすして，斯る瞬間創作に対し一一著作権を認むるか如きは，断して著作権法の精神なりとするを得す。而して本件雲右衛門の創意に係る浪花節の裏曲にして，前示の如く確乎たる旋律に依りたるものと認むへき事蹟の存せさる以上は，瞬間創作の範囲を脱することを得ざるものにして，之を目して著作権法に所謂音楽的著作物と謂ふことを得す」（ひらがなに改め，句読点を追加）。

⑤　大判大正14・11・28民集4巻670頁（大学湯事件）

　〔事実〕　X の先代 A は，Y₁ から京都大学近くの「大学湯」の建物を

150

第16講　補遺―演習用裁判例

賃借し，「老舗」の代金 950 円を支払って，湯屋を営んだ。数年後，賃貸借が合意解除されたので，建物を造作つきのまま Y₂ に賃貸した。X は，「老舗」を失ったことから，Y₁ に損害賠償を請求した。原審は，「老舗」の権利性を否定した。X から上告。

〔判決〕　破棄差戻。「709 条は故意又は過失に因りて法規違反の行為に出て以て他人を侵害したる者は，之に因りて生じたる損害を賠償する責に任す，と云ふが如き広汎なる意味に外ならず。其の侵害の対象は，或は其の所有権地上権債権無体財産権名誉権等，所謂一の具体的権利なることあるべく，或は此と同一程度の厳密なる意味に於ては未だ目するに権利を以てすべからざるも，而も法律上保護せらるる一の利益なることあるべく」（ひらがなに改め，句読点を追加）。

この判決に従い，2004 年の民法の口語化のおりに，709 条が改正され，「権利」の後ろに「又は法律上保護される利益」が付加されました。現在の文言は，オリジナルのものとは異なっているのです。

前述した同時履行の抗弁権（533 条）がある場合には，裁判では，いわゆる引換給付判決がされます。たとえば，A が B に 10 万円で絵画を売却したときに，B が，自分の履行＝代金の提供をしないで，絵画だけ請求してきたときには，A には，同時履行の抗弁権があることから，理屈では，B の請求は棄却されるはずです。しかし，A は絵画の引渡債務を負担していますから，単純に請求を棄却するのではなく，条件つきで，B の請求を認容するのです。つまり，A は，B から 100 万円の支払をうけるのと引換に絵画を引渡せ，とするわけです。同時履行の抗弁権がある場合だけではなく，留置権がある場合にも，引換え給付判決が行われます。

これが三者の場合には，もっと複雑になります。

⑥　最判昭和 47・11・16 民集 26 巻 9 号 1619 頁（留置権，引換

第 16 講　補遺―演習用裁判例

え給付判決）〔百 I ・79〕

〔事実〕　Y・A は共有の甲不動産を B に売却し，B は代金の半額ほどを支払い，残額の代わりに B が乙地に建物を建て，これを Y に引渡すことを約した。乙土地・建物の引渡がない間に，甲地は，X に譲渡され移転登記を経由した。X が，Y に甲不動産の引渡を請求した。Y に留置権の主張ができるかが争点となった（Y は B との関係では同時履行の抗弁権を主張できますが，第三者 X との関係ではできません）。

〔判決〕　一審，Y 勝訴。「Y は X より金 345 万円の支払を受けるのと引換に原告に対し別紙目録記載の建物を明渡せ」。

これに対し，原審では X 勝訴。留置権の抗弁を認めなかった。

最高裁，破棄自判。〔Y 勝訴〕

「主文

原判決を破棄する。

第一審判決を次のとおり変更する。

Y は，X に対し訴外 B から金 345 万円の支払を受けるのと引換えに第一審判決添付別紙目録記載の建物を明渡せ。

X のその余の請求を棄却する。

訴訟の総費用はこれを 2 分し，その 1 を X の，その余を Y の負担とする」。

「原審の右判断は首肯することができない。原審は，右確定事実のもとでは，売主である Y は売買の目的物の残代金債権を有しないというが，右確定事実によれば，残代金 345 万円については，その支払に代えて〔乙〕提供土地建物を Y に譲渡する旨の代物弁済の予約がなされたものと解するのが相当であり，したがつて，その予約が完結されて提供土地建物の所有権が Y に移転し，その対抗要件が具備されるまで，原則として，残代金債権は消滅しないで残存するものと解すべきところ（最高裁昭和 39 年（オ）第 665 号同 40 年 4 月 30 日第 2 小法廷判決・民集 19 巻 3 号 768 頁参照），本件においては，提供土地建物の所有権はいまだ Y に譲渡されていない（その特定すらされていないこと

152

がうかがわれる。）のであるから，YはBに対して残代金債権を有するものといわなければならない。そして，この残代金債権は〔甲〕本件土地建物の明渡請求権と同一の売買契約によつて生じた債権であるから，民法295条の規定により，YはBに対し，残代金の弁済を受けるまで，本件土地建物につき留置権を行使してその明渡を拒絶することができたものといわなければならない。ところで，留置権が成立したのち債務者からその目的物を譲り受けた者に対しても，債権者がその留置権を主張しうることは，留置権が物権であることに照らして明らかであるから（最高裁昭和34年（オ）第1227号同38年2月19日第3小法廷判決。裁判集民事64号473頁参照），本件においても，Yは，Bから本件土地建物を譲り受けたXに対して，右留置権を行使することをうるのである。もつとも，Xは，本件土地建物の所有権を取得したにとどまり，前記残代金債務の支払義務を負つたわけではないが，このことはYの右留置権行使の障害となるものではない。また，右残代金345万円の債権は，本件土地建物全部について生じた債権であるから，同法296条の規定により，Yは右残代金345万円の支払を受けるまで本件土地建物全部につき留置権を行使することができ，したがつて，Xの本訴請求は本件建物の明渡を請求するにとどまるものではあるが，YはXに対し，残代金345万円の支払があるまで，本件建物につき留置権を行使することができるのである。

　ところで，物の引渡を求める訴訟において，留置権の抗弁が理由のあるときは，引渡請求を棄却することなく，その物に関して生じた債権の弁済と引換えに物の引渡を命ずべきであるが（最高裁昭和31年（オ）第966号同33年3月13日第1小法廷判決・民集12巻3号524頁，同昭和30年（オ）第993号同33年6月6日第2小法廷判決・民集12巻9号1384頁），前述のように，XはYに対して残代金債務の弁済義務を負つているわけではないから，Bから残代金の支払を受けるのと引換えに本件建物の明渡を命ずべきものといわなければならない。叙上の理由によれば，原判決は破棄を免れないが，1審判決もX

第16講　補遺―演習用裁判例

からの残代金の支払と引換えに明渡を命じているので，右の限度で，これを変更すべきである。（なお，XがBに代位して残代金を弁済した場合においても，本判決に基づく明渡の執行をなしうることはいうまでもない。）」

第 17 講　補遺―哲学的・文学的な話

　討論の課題の参考として，以下の材料をあげておきます。

穂積陳重の著作　穂積陳重『法窓夜話』（1980 年，岩波文庫）は，民法起草者の穂積が，子どもに寝物語として執筆したものです。インターネットでは，青空文庫にも入っています。法律に興味をもたせるのに便利な文献です。仮名遣いがやや古いのですが，おもしろいエピソードがたくさんありますので，参照してください。『続法窓夜話』（1980 年）もあります。岩波文庫には，ほかに穂積の『復讐と法律』（1982 年）などのやや軽い読み物もあります。文庫本になっているものとしては，ほかに，『忌み名の研究』（1992 年，講談社学術文庫）があります。ちなみに，旧民法を批判した「民法出デテ忠孝亡ブ」で著名な穂積八束は，彼の弟です。

　穂積の著書を読んで，以下の課題について討論してみて下さい。

　・「法律に違反すると罰せられるという命題」について考えてください。

　・「日本人は，訴訟が嫌いであるという命題」について考えてください。日本人の法意識について，どう考えるか。

　・キルヒマン（Julius Hermann von Kirchmann（1802.11.5 – 1884.10.20），Die Wertlosigkeit der Jurisprudenz als Wissenschaft, 1848）の言によれば，立法者の数言で，万巻の法律書はごみになる，とされます。この言は正しいか。

　・また，モンテスキュー（Charles-Louis de Montesquieu, 1689.1. 18-1755.2.10）は，裁判官は，上から事実をいれると，判決をだす自動機械たるべきだといっています。このような見解について考え

155

第17講　補遺―哲学的・文学的な話

てください。

・取引を続ける場合と打ち切る場合に，契約交渉には，どのような相違が生じるか。あるいは生じないのか。

・車を運転していて，横断歩道に歩行者がいない場合に，それでも赤信号を守るか。あるいは歩行中に，横断歩道を通る車がいない場合でも，赤信号を守るか。

「ベニスの商人」　「ベニスの商人」は，シェイクスピアの著名な喜劇で，繰り返すのは不要とも思いますが，最近の大学生には知らない人もいますので，あらすじを記載します。

(a)　〔あらすじ〕中世イタリアのベニスで，バサーニオは，ベルモントの大富豪の女相続人のポーシャと結婚するために，友人のアントーニオから借金しようとする。しかし，アントーニオの財産は，航海中の船に投資してあることから，アントーニオは，ユダヤ人の高利貸しシャイロックから金を借りた。その時の担保は，アントーニオの肉1ポンドであった。船が難破したことから，アントーニオは，期日に弁済できず，ベニスの法廷で裁判となった。バサーニオは，ポーシャとの結婚に成功したことから，ポーシャから金を受領して，ベニスに戻る。法廷で，シャイロックは，バサーニオからの金を受領せず（第三者の弁済），契約書通りに肉を要求した。ポーシャが変装してこの事件の裁判官となっていたが，契約書に従うべき旨の判決をした。シャイロックは喜ぶが，判決に続けて，ポーシャは，一滴でも血を流してはいけないという。また，殺人の未遂で，シャイロックは財産を没収され（総督による恩赦で半分になる），キリスト教に改宗させられる。なお，アントーニオの船は難破しておらず，遅れて帰国した。

(b)　この話には，法学上の論点が多数含まれることから，古くか

156

第 17 講　補遺—哲学的・文学的な話

ら法学者の間でも議論があります。普通法の時代（1900 年のドイツ民法典の発効前の時代）に，ヴュルツブルク大学のコーラー（Josef Kohler, 1849.3.9-1919.8.3）は，ベニスの商人に関する論説を著し，シェイクスピアの結論を高く評価していました。それについて，イェーリングとの間に論争があり，イェーリング（Rudolf von Jhering, 1818.8.22-1892.9.17）は「権利のための闘争」（1872 年の講演，のち印刷）の序においてコーラーを批判しています（1880 年ごろ）。

　コーラーは，実体法ではなく，執行法上の理由によってシャイロックの主張を封じたポーシャ的解決を批判するイェーリングとは異なる立場です。このコーラーは，1888 年には，ベルリン大学に招聘され，民法，商法，刑法，民訴法，法哲学などの多方面にわたる講座を担当しました。多方面にわたる専門をもつことの多い欧米の学者の中でも，とくに間口が広く，以後，1919 年に死去するまで 32 年間，ベルリン大学にとどまりました。

　コーラーは，多様な業績のために国際的な名声を博し，多くの大学の招聘をうけ，1886 年には日本にも招聘されましたが（お雇い外国人），彼はこれを拒絶しました。「権利のための闘争」は，村上淳一訳で，岩波文庫に入っています（1982 年）。

　(c)　「ベニスの商人」には，ざっとみただけでも，主物・従物，公序良俗，第三者の弁済，和解の可能性，裁判官の忌避，判決の鑑定・移送，総督による恩赦，判決の修正，中世の海損，保険，ユダヤ人の解放，親の定めた婚姻の拘束力，婚資＝指輪の効力などの論点が含まれています。

製品の保証書　電気製品や食品には保証書がついていることが多いのですが，これは，メーカーが製品の最終的な買主に対して責任をおうことを表示したものです。この責任は，生

157

第 17 講　補遺―哲学的・文学的な話

命や財産に関するときには，製造物責任を意味します。積極的侵害
への責任の限定あるいは免除文言が付されることが通常ですが，そ
の有効性は，不法行為の問題となります。

　本の奥付には，「乱丁，落丁の場合には交換する」との文言のあ
ることが多く，これは，追完を意味しますが，同時に，責任の限定
でもあります。出版元としては，契約上の担保責任もおうから，買
主に直接追完しても損はなく，拡大損害について，免責を主張でき
るとすれば有利です。六法全書に落丁があった場合に，六法持ち込
みの試験に落ちたときの責任は，どうなるでしょうか。約款の拘束
力や損害賠償の範囲の問題はどうでしょうか。

無断駐車　「無断駐車をした場合は，10 万円支払ってもらいます」
と書いてある駐車場に無断駐車した場合の法律関係に
ついて，考えて下さい。

　法律行為を補充する概念が必要かが問題となることがあります。
契約がなくても，契約類似の効果を認めるべき場合があるからです。
事実的契約関係 (faktisches Vertragsverhältnis) は，契約がなくて
も社会で類型的に行われる行為については契約類似の法律関係にも
とづき契約同様の効果が発生しうるとする理論であり，ドイツ法に
おいて，ハウプト (Günter Haupt, 1904.9.11-1946.7.14) によって
提唱されました。たとえば電気やガスの供給契約，運送契約などに
おいて，料金につき合意が成立していなくても，社会で類型的に行
われる契約である以上，料金債務が発生する，という考え方です。
では，有料の駐車場に，契約して車をおく場合，月額の料金が 1 万
円であったら，契約なしで 1 カ月駐車した場合にも，同額を請求で
きるでしょうか。

　黙示の意思表示という構成でも，事実的契約関係の大部分はカ

第 17 講　補遺—哲学的・文学的な話

バーできます（制限行為能力者を除く）。また，契約の成立を否定して
も，賃料相当額の不当利得の返還義務は発生するとする限りでは，
事実的契約関係という概念は，必ずしも必要でありません（なお，
契約があると思っていたが無効であった場合，あっても利用だけして乗
り逃げしようと思った場合には，全額の賃料支払が相当額となります。
前者は給付利得であり，後者は侵害利得 = 704 条です。ただし，侵害利
得でも，近くにある無償の駐車場場と間違えた場合には，利得の軽減 =
703 条適用の余地があります。詳細は，債権各論の授業で聴くところで，
不当利得の類型論の問題となります）。

　なお，1999 年（平成 11 年）の成年後見法の制定により，成年被
後見人，被保佐人は日用品の購入その他日常生活に関する法律行為
は単独で有効にできることとなりました（9 条但書，13 条 1 項但書）。
有効に契約を締結できるので，この限度では，契約時の行為能力の
問題は解消しました。

モーパッサン『酒樽』　モーパッサン（Maupassant, 1850-93）の
　　　　　　　　　　　　　『酒樽』（Le petit fût, 水野亮訳・1941 年，岩
波文庫）のつぎの会話をみることにしましょう（旧字体の漢字は新字
体に改めた）。

　(a)　シコは，マグロワール婆さんの家と隣り合わせのところにも
土地をもっているが，婆さんの土地も欲しいと思っている。しかし，
マグロワール婆さんは生まれ育ったところであるから，土地は，売
らないといっている。そこで，ある日，シコが，マグロワール婆さ
んに新しい提案をもちかけたところである。

　「わしは毎月，150 フランづつあんたにあげる。いいかね，毎月
あの馬車で 5 フラン金貨 30 枚持ってくるんだ。それだけで，ほか
になんにも変わったことはねえのさ，まったくなんにも。あんたは

159

第 17 講 補遺—哲学的・文学的な話

この家にいつまでもいる。わしのことなんか，ちっとも気に病むことはねえだ！　ちっとも恩に着ることはねえだ。わしの金さへ黙って取ってりゃ，それでいいだ。どうだね，気に入ったかね。」

「わしには結構な話だが，お前様にして見れば，この地所は自分のものにはならないぢゃないかね。」

「そんなこと，何も心配しなさんな。神様が生かしておかっしやる間はここにいるがいいだ。ただあんたには，公証人のところで一筆書いて貰ふべえ。あんたが死んだら，この地所はわしのものになるとな。あんた，子供衆はなし，身寄りといえば甥御ばかりだが，それだってあんたは，ろくに構ひつけもしないぢゃないか。どうだね，いい話だらず〔だずら〕　生きてる間は，地所は自分のものだ。さうして月々 150 フラン貰へる。あんたにして見りや，まるまるの儲けだにょ」。

(b)　すなわち，毎月 150 フランの定期金を，シコがマグロワール婆さんに終身支払い，他方，マグロワール婆さんが死んだら，子どももいないので，土地は，シコに譲渡されるという契約です（終身定期金）。将来の土地の譲渡は，いわゆる虚無（あるいは虚有）の所有権（nue-propriété, Nuda Proprieta）の譲渡です。他方，その対価は，不確定期間の年金の支払です。これは，フランス，イタリアやスペインなど，ラテン系の社会には多くみられる形態であり，その起源は中世に遡ります。裁判例のみならず，上述のようにしばしば物語などにも登場します。終身定期金は，このような虚無の所有権の売買と結合して初めて意味があります。日本の民法では，関連されることなく前者のみが規定されたのは，起草者の見落としというべきでしょう。

(c)　マグロワール婆さんは，思案に耽って，公証人に相談しまし

た。すると，公証人はシコの申込をうけることを勧めました。ただし，婆さんの土地は，安く見積もっても 6 万フランの値打ちがあるから，月額 150 フランではなく，250 フランを請求することを勧めました。その計算の根拠となるのは，つぎに公証人の言です。

「仮にあんたがこれから 15 年生きるにしたところで，シコどんはまだやっと 4 万 5000 フランしか払わなかった勘定になりますぜ。」（250 F × 12 カ月 × 15 年 = 4 万 5000 フラン。ちなみに，最初の申出額であると，150 F × 12 カ月 × 15 年となり，合計 2 万 7000 フランにすぎない）。

定期金の総額が土地の代価と釣り合うのは，月々 250 フランの支払が 20 年継続した場合です（250 × 12 × 20 = 6 万フラン。代金の利息や土地の果実は考えない）。

ここから，どのようなことが生じるか，シコどんの立場，マグロワール婆さんの立場，第三者としての立場などから，各自で考えて下さい。

(d)　担保目的の所有権留保の売買は，日本の民法でも制定後に多く行われましたが，利用権留保の売買は，ほとんど行われませんでした。その理由には，本書では立ち入りませんが，一つには，このような射幸的契約の適法性が疑わしいからであり，ここに社会的な意識の相違をみることもできます。

マグロワール婆さんが 20 年よりも長生きすると，シコは損するのです。逆に言えば，婆さんは，20 年よりも長生きをすると，得をすることになります。

物語では，契約の締結後，3 年間は無事に月々の金が支払われました。その間，「老婆は不思議なほど丈夫だった。見たところ一日も歳を取らないので，シコはがっかりした」，そこで，「顔を見ると，

絞め殺してやりたくなった。彼は獰猛な，陰険な憎しみをもって，——物を盗まれた百姓の憎悪をもって憎んだ」。

それから，シコは，「色々手段を考へた」のでした。最初は，婆さんに自分の店で過食させようとしましたが，これは失敗でした。つぎに，強い火酒を飲むように勧めました。そこで登場するのが，タイトルの酒樽です。酒をふるまわれ，ついには酒樽ごと与えられた婆さんは，酒びたりになり，じきに死にます。そして，婆さんの土地を取得したシコは，言いました。

「阿呆な婆で，飲みさへしなけりや，もう10年は生きられたのに。」

すなわち，婆さんの死によって，シコは，250 F × 12 カ月 × 10 年 = 3 万フランの得をしたことを自覚しているのです（ちなみに，6 万フランの土地に対し，現実に支払ったのは，250F × 12 カ月 × 3 年 = 9000 フランのみです）。

ユゴー『レ・ミゼラブル』　ユゴー（Victor Hugo, 1802-85）の『レ・ミゼラブル』（Les Miserables, 豊島与志雄訳・1987・岩波文庫，第3部　マリユスの部）に，マリユスの父について，次のような記述があります（マリユスは，のちにコゼットの夫となる）。

「彼の2番目の妻は，彼の財産をかなり賢く管理していたので，ある日彼女が死んだ時，彼には食べるだけのものが残っていた，すなわちほとんど全部を終身年金に預けて年収1万5000フランほどにはなった。がその大部分は彼とともに消え失せることになっていた」。

これも，終身定期金の例です。

なお，終身定期金は犯罪を誘発する可能性がありますが，条件成

第 17 講　補遺─哲学的・文学的な話

就（終期の到来）を誘発した場合に，条件が成就しなかったとみな
すことは，かつての判例にあります。2017 年改正法は，これを明
文化し，条件が成就することにより利益をうける者が不正に条件を
成就させたときは，相手方は，その条件が成就しないとみなすこと
ができる，としました（130 条 2 項の追加。かつては 1 項のみで，成
就を妨害したときに，成就したとみなすことだけが規定されていました）。

保険買取契約　日本でも，高齢化社会の到来とともに，地方自治
　　　　　　　　体による終身年金が，不動産を担保として行われ
ています（リバース・モーゲージ）。しかし，これは不動産がないと
利用できないことから，保険を担保とする年金が登場しています。

　近時その社会的相当性が問題となっている契約に，保険買取契約
があります。たとえば，生命保険契約をしている A が困窮し，
月々の保険掛金（例として，1 万円ぐらい）が支払えない状態にある
とします。死亡すれば，かなり高額の保険金を取得できますが，生
きている間に，保険金の利益を享受したいと思っても，解約した場
合の解約返戻金は，スズメの涙にすぎません（3000 万円の保険を解
約しても，数十万円にしかならないことが多い）。

　そこで，買取会社 B が，この契約を買い取って（A の余命を予測
して，死亡後の保険金から割引いて価格を決める），代わりに掛金を支
払うことが考えられます。そのため，生保会社 C に対して，保険
料を支払う契約者と受領者を A から B に変更する手続をします。
そのうえで，B は，A に代金を払い，以後保険料も負担して，死亡
時に保険金を受領することとします。

　A の死亡時に，B が保険金を受領するのですから，余命が短いと
推測されると，買取価格は高くなり，保険金額の 8 割以上になるこ
ともあります。他方，買主 B の利益は，買取額と保険金の差額の

163

第 17 講　補遺―哲学的・文学的な話

利益になります。A が長期間生存すると，B は予測がはずれ，損を
することになり，A が早く死ぬほど，B は有利になるわけです。

　こうした契約は，アメリカでは，1980 年代からエイズなどの末
期患者の支援として始まり，心臓病などの慢性病患者などにも拡大
し，一定の要件のもとで可能となりました。高齢者を対象とするも
のは，一種の投資商品化されています。

　日本では，保険締結時の特約で，余命 6 カ月と診断されると，生
存中に保険金を受領できるものもあります。

　他方，後発的な買取には契約者の名義変更が必要ですが，保険会
社は現在これを認めていません。下級審の裁判例には，このような
契約には，困窮した契約者が安価に売却したり犯罪を誘発する可能
性があるため，否定したものがあります（東京高判平成 18・3・22
判時 1928 号 133 頁。事案はかなり売却者にとって不利な契約であった）。

第18講　補遺─倫理，教養と法律学

アメリカの　　　アメリカのロースクールでは，法律家である政府
法曹倫理教育　高官が多数犯罪に関わったウォーターゲート事件
以来，法曹倫理教育を重視しています。内容は，ヨーロッパの法哲
学とはやや異なり，具体的なケースの中で，法律家に求められる法
と倫理の問題を考えるものです。法哲学は，しばしば思想史や抽象
的な哲学論で，実益が薄いと考えられたからです。マニュアルを求
めるアメリカ的方法論に対応したものともいえます。日本でも，教
養としての法の勉学には大いに参考になるものがあります。

　ただし，アメリカの法曹倫理教育にも問題があります。それは倫
理を学ぶのではなく，たんに犯罪を回避する技術的手段を獲得する
方途になっていることです。つまり，ボーダーラインを検討して，
ここまでは法律に触れないから安全であるという限界を探る手段に
なっているのです。マニュアルの危険性です。具体的には，違反す
ると罪になるとか賠償義務が生じるとかの事項（責任逃れのリスト）
を回避する手段です。

　そもそも倫理は，生まれつきの人間の本性に根ざすもので，教え
て身につくものかという根本問題があります。正義や倫理はたんに
教えるものではないという考えもあるでしょう。西欧の伝統的な法
曹倫理や哲学の講義は，善悪の本質を見抜くとか，洞察の基礎とな
る素養を養成するためであって，たんなる回避の道具ではありませ
ん。もっとも，そうした講義のすべてを否定するのでは意味がない
ので，人により差はあるとしても，倫理教育の手助けすることはで
きるとの折衷案をとることにします。

165

第18講　補遺─倫理，教養と法律学

法学部で学ぶ意味　こうした倫理教育は，教養としての法律学の一部です。教養とは，たんなる知識の習得や知識の初歩の意味ではなく，物の見方や観点を身につけることです。とくに，学部で，法律専門家を目ざさない場合には，社会人教育の基礎ともなります。この話は，本書の最初の部分に回帰することになります。

やや繰り返しになりますが，法律学の講義には2つの役割があります。第1は，専門知識を身につけたり，法的な解決の方法を習得することです。ロースクールや法学部でも法曹志望者向けの教育です。第2は，教養としての法律を身につけることです。たとえば，取引上の正義とは何かとか，競争の意義を考察することです。試験に直結することではありませんが，人間の本性や社会との関わりなどで，重要な意味をもっています。

本書の最初では，この技術的な意味だけを述べました。

(a)　人の話を聞いて，ノートをとったり，要約できるようになることは，人の話を聞いて，仕事ができることにつながります。これは社会人の初歩ですが，ただ，やや受け身の仕事の方法です。

(b)　そこで，特定のテーマを自分で追及することが求められます。問題点を発見し，対応策を探ったり，資料を調べる，プレゼンテーションができる，他人を説得できる，きちんと応答ができる，などです。こちらは，ゼミに参加することの意義であり，より積極的な仕事の方法といえます。広義の教養や倫理はこの延長にあります。報告をさぼったり，ゼミで黙っているのは，社会人の態度ではありません。会社でも，指示待ちの新入社員がいて，細かく指図しないと，教わってないという，とききます。このような状況については，どう考えるでしょうか。

第18講　補遺―倫理，教養と法律学

**法曹倫理
のテーマ**　法曹倫理というと，弁護士倫理ばかりが念頭に浮かびますが，それに限りません。人それぞれがもっている法的な倫理があります。利益相反や守秘義務，交渉のさいの真実義務などは，誰にでも起りうる問題です。担保保存義務や利息制限などにもかかわります。

法曹倫理や教養の授業でよく用いられるテーマがあります。

・殺人事件の弁護士が，被告人から自分は他のところで殺人事件を起こしたと告白された。どうするか。

・神戸の大震災の時に，ソーセージを 1 本 5000 円で売った。何が問題か。

・弟が凶悪事件の犯人だとわかったときに，家族のとるべき態度はどうか。

・ねずみ講とマルチ商法はどう異なるのか。若者の被害者が多いのにどう対処するか。

・契約は守るべきか，契約を破る自由があるか。A は B に，100 万円で絵画を売ったが，引き渡していない。バブルの結果，時価は 200 万円以上になっている。C が 300 万円出してもいいといっている。どうするべきか。

・「法と経済」という考え方があって，市場原理を重視して，損害賠償が 200 万円で，それ以上の利益が見込めるなら，契約を破る自由を肯定する。契約を尊重するべきか。ひいては，法律の体系や憲法体系を尊重するべきか。

・A は，交通事故の結果，同年齢の年少女子の A と年少男子の B，外国人の子 C を死亡させた。それぞれの属性によって計算すると，損害賠償額が，2000 万円，4000 万円，1000 万円となる場合をどう考えるか（最判昭和 62・1・19 民集 41 巻 1 号 1 頁，最判平成 9・

167

第 18 講　補遺―倫理，教養と法律学

1・28 民集 51 巻 1 号 78 頁）。

　・放課後の校庭で，A の子 B がサッカーの練習をしていたところ，ボールが道路に飛びだして，通行中の老人 C にあたり，転倒して重症を負い，それが原因となって死亡した。A の監督責任はどうなるか（最判平成 27・4・9 民集 69 巻 3 号 455 頁）。

　・B の父親 A は認知症のため，徘徊中に，C 鉄道会社の線路に入り，鉄道の遅延を引き起こした。A や家族の責任はどうなるか（最判平成 28・3・1 民集 70 巻 3 号 681 頁）。

　・B の母親 A は，免許更新時に，危険性を指摘されたが，運転を続けて運転中に，アクセルを踏みまちがえ，C をはねて死亡させた。A や家族の責任はどうなるか。

　・世界のグローバル化に伴い法の統一が行われている。国民国家ごとの法の運命をどう考えるか。国民国家への復帰を考えるか，たとえば，イギリスの EU 離脱をどう考えるか。

資料 1　判例等の引用・検索の方法

Ⅰ　判例の引用方法

　⑴　原則

〔例〕最高裁平成 9 年 1 月 28 日第三小法廷判決

　　　（平成 5 年（オ）第 2132 号損害賠償請求上告，同附帯上告事件）

　　　（民集 51 巻 1 号 78 頁）

　　　〈一般的な表記〉

　　　最判平 9 年 1 月 28 日民集 51 巻 1 号 78 頁

　　　最判平 9・1・18 民集 51 巻 1 号 78 頁

　　　〈悪い例〉

　　　最判平 9 年 1 月 28 日　←出典がない。

　　　最判平 9 年 1 月 28 日（平成 5 年（オ）2132 事件）　←出典がない。

　　　最判平 9 年 1 月 28 日判タ 934 号 216 頁　←公式判例集があれば，ま

　　　　ずそれによる。

　⑵　判決ではなく決定の場合

　　　最決昭 27 年 7 月 10 日刑集 6 巻 7 号 876 頁

　⑶　最高裁大法廷判決・大審院連合部判決の場合

　　　最大判昭 43 年 11 月 13 日民集 22 巻 12 号 2526 頁

　　　大連判明 41 年 12 月 15 日民録 14 輯 1301 頁

　⑷　下級審判決の場合

　　　大阪地判昭 50 年 12 月 23 日下民集 31 巻 1〜4 号 92 頁

　　　広島高判昭 40 年 9 月 8 日高民集 18 巻 6 号 428 頁

　　　東京地八王子支判昭 40 年 5 月 12 日下民集 16 巻 5 号 848 頁

資料 1　判例等の引用・検索の方法

(5)　判例集

　(a)　公式判例集

民集　　　　最高裁判所民事判例集

裁（集）民　最高裁判所裁判集民事

高民集　　　高等裁判所民事判例集

下民集　　　下級裁判所民事判例集

家月　　　　家庭裁判所月報

（戦前）　　民録＝大審院民事判決録

　　　　　　民集＝大審院民事判例集

　(b)　非公式判例集

判時　　判例時報

判タ　　判例タイムズ

その他　金融法務事情，金融商事判例，NBL など

（戦前）新聞　法律新聞

Ⅱ　文献の引用方法

(1)　雑誌論文

原則：執筆者名「論文名」雑誌名○巻○号○頁（発行年）

　〔例〕○○○○「利息制限法理の新たな展開（上)」判評 519 号 2 頁
　　　　　（2002 年）

　略式：○○○○・判評 519 号 2 頁

　〔例〕好美清光「Jus ad rem とその発展的消滅―特定物債権の保護
　　　　　強化の一断面―」法学研究（一橋大学）3 号（1961
　　　　　年）179 頁

　略式：好美清光「Jus ad rem とその発展的消滅」法学研究（一橋大
　　　　　学）3 号 179 頁

(2)　単行本

資料 1　判例等の引用・検索の方法

原則：執筆者名『書名』（発行所，版表示，発行年）○頁
　〔例〕我妻栄『新訂債権総論』（岩波書店，1964 年）209 頁
　　略式：我妻栄・新訂債権総論 209 頁

(3)　コンメンタール
原則：編者名『書名』○○頁〔執筆者名〕（発行所，版表示，発行年）
　〔例〕谷口知平 = 五十嵐清編『新版注釈民法（13）』799 頁〔山下末
　　　　人〕（有斐閣，補訂版 2006 年）
　　略式：谷口知平 = 五十嵐清編・新版注釈民法（13）799 頁〔山下末
　　　　人〕

(4)　判例研究・判例解説
原則：執筆者名「判批」雑誌名○巻○号○頁（発行年）
　〔例〕○○○○「判批」金判 1166 号 61 頁（2003 年）
　　略式：○○○○・金判 1166 号 61 頁
最高裁調査官による解説の場合：
　田尾桃二「判解」最判解民事篇昭和 50 年度 145 頁
　　　　　（「判解民」とも略する）
　＊判例のレポートをするときには，最低限，調査官解説を調べるこ
　　と。
　（ジュリストにのったものが，法曹時報にのり，のちに，1 年ごと
　　に最高裁判例解説（民事）に収録される）。

(5)　座談会
原則：出席者ほか「テーマ」雑誌名○巻○号○頁〔△△発言〕（発行
　　　年）
　〔例〕塩崎勤ほか「『差押えと相殺の現在』銀法 579 号 19 頁〔□□発
　　　　言〕（2000 年）

171

略式：塩崎勤ほか・銀法 579 号 19 頁〔□□〕

Ⅲ　判例集・雑誌の略語
　(1)　判例集等
　　　民集 = 大審院民事判例集・最高裁判所民事判例集
　　　民録 = 大審院民事判決録
　　　高民（高民集）= 高等裁判所民事判例集
　　　下民（下民集）= 下級裁判所民事裁判例集（休刊）
　　　最判解民事篇○○年度 = 最高裁判所判例解説民事篇○○年度（法曹
　会）
　(2)　雑誌等
　　　金判 = 金融・商事判例
　　　金法 = 旬刊金融法務事情
　　　銀法 = 銀行法務 21（もと手形研究）
　　　司研 = 司法研修所論集
　　　自正 = 自由と正義
　　　ジュリ = ジュリスト
　　　商事 = 旬刊商事法務
　　　曹時 = 法曹時報
　　　判時：判例時報（判評=判例評論）
　　　判タ = 判例タイムズ
　　　法教 = 法学教室
　　　法時 = 法律時報
　　　民研 = 民事研修
　　　民商 = 民商法雑誌
　　　リマークス = 私法判例リマークス（法律時報別冊）
　詳細な文献の略語は，以下にもある。
　・法律編集者懇話会編「法律文献等の出典の表示方法〔各年度版〕」

資料 1　判例等の引用・検索の方法

・法律時報編集部編「文献略言表」（毎年，法律時報の文献月報 1 月号にのる）。

Ⅳ　判例・判例評釈の調べ方

⑴　最新の判例

ホームページ　→ http://www.courts.go.jp/

データベース　→ LexDB など（大学や組織で契約しているもの）

紙媒体　　　　→裁判所時報（判決文掲載），民事法情報（解説付き，廃刊）

やや前のもの　→判例時報末尾「最高裁判例要旨」

　　　　　　　　ジュリスト「最高裁判所新判例コーナー」

　　　　　　　→法律判例文献情報（月刊，国立国会図書館専門資料部）

かなり前のもの→判例タイムズ「判例年報」（各年），判例時報総索引

⑵　古い判例の総合的検索

判例マスター，判例体系 CD-ROM，リーガルベースなど。

　近時は，各大学で契約しているデーターベース。紙媒体のものは減少している。

判例体系（第一法規），新判例体系（新日本法規）

総合判例研究叢書（有斐閣），叢書民法総合判例研究（一粒社→信山社）

⑶　判例解説

　⒜　調査官解説

ジュリ「時の判例」→法曹時報→「最高裁判所判例解説民事篇」（昭29 から）

（民事法情報），判時・判タの解説（コメント）記事（匿名）

資料1　判例等の引用・検索の方法

　(b)　雑誌　＊領域・テーマごとにまとめたもの

ジュリスト「百選」「○○法の判例」「○法の基本判例」

　(c)　その他

重判　　　　ジュリスト臨時増刊「重要判例解説」（各年6月ごろ刊）

リマークス　法律時報別冊「私法判例リマークス」（各年2月・7月ご

　　　　　　ろ刊）

金法　　　　金融法務事情「金融判例研究」（各年）

主判　　　　判例タイムズ臨時増刊「主要民事判例解説」（各年）

別冊 NBL　　別冊 NBL「実務取引法判例」（平成4年～。通常号のま

　　　　　　とめ）

セレクト　　法学教室別冊付録「判例セレクト」（各年2月）

法セ　　　　法学セミナー

　以下にも，不定期に掲載される。

判評　判例評論（判例時報に1カ月に1回，別冊）

判タ　判例タイムズ

法時　法律時報

NBL　NBL

ジュリ　ジュリスト

法教　法学教室

金法　金融法務事情

金判　金融商事判例

銀法　銀行法務21（手形研究（1～500）の改題）

ひろば　法律のひろば

　＊大学の雑誌・紀要の判例評釈は，商業誌に比べると出るのが一般

　　的に遅い。

　　法協　法学協会雑誌→「判例民事法」（大10～昭27,40,41）

　　民商　民商法雑誌

　　その他　法学（東北大学），法学研究（慶応）など。

174

まとまったものとして,

法律判例文献情報

民事裁判例評釈索引・民事裁判例総索引・民事裁判例索引（法曹会）

戦後判例批評文献総目録・続判例批評文献総目録（判例時報）

⑷　判例研究の意義に関する文献

判例民法（大正 10 年度）の「序」。

大村敦志他『民法研究ハンドブック』（2000 年）305 頁以下。

田中誠二「判例研究の意義及び方法」金判 604 号（1980 年）。

平井宜雄「判例研究方法論の過去と現在」別冊法教・民法の基本判例
（1986 年）。

中野次雄編「判例とその読み方」（1986 年）。

中野次雄「判例の世界と法律学の世界」司法研修所論集 84 巻 1 号
（1990 年）。

川井健「研究会設立にあたって」NBL511 号（1992 年）。

資料 2　利息制限法と利息の計算方法

⑴　利息制限法については,本文でも何カ所かで触れています。わがくにでは,利息制限法という法律によって,元本額に応じた最高利率が定められています。強行法規ですから,これに違反する約束をしても,超過額について無効です。その意味についてふれておきます。

利息制限法による最高利率は,以下のようになっています。六法全書でも確認してください。民法本体ではなく,六法では,付属法規として,民法の後ろに収録されています。

元本が 10 万円未満では,　　　　　　　年利 2 割（20％）

元本が 10 万円以上 100 万円未満では,　年利 1 割 8 分（18％）

元本が 100 万円以上では,　　　　　　　年利 1 割 5 分（15％）

資料2 利息制限法と利息の計算方法

　元本が大きいときには、制限利率も低く、つまり、あまり多額の利息が生じないようになっています。

　たとえば、5万円の貸借の場合には、年額で、5 × 0.2 = 1万円以上の利息はとれません。年利40％で契約すると、契約では、5 × 0.4 = 2万円がとれるはずですが、1万円を超える部分は法律上無効ですから、1万円を弁済すればいいのです。

　無効なことを知らずに、2万円払ってしまった場合には、1万円は、貸主の不当利得として返還請求することができます（民703条以下）。

　ただし、貸金業者は、制限利率を超えて契約をした場合でも、契約だからといって、弁済を請求し、知らずに弁済すると、受領してしまいます。まだ支払っていない場合には、超過額の支払を拒絶し、支払ってしまった場合には、自分で返還請求しなければなりません。つまり、自分の権利は、自分で守ることが必要になります。

(2)　利息に関する日本の法律はかなり複雑で、民法の債権総論に利息の規定が（民法の講義では債権総論で扱います）、債権各論に消費貸借（金の貸し借りのことです）の規定があり、ほかに、利息制限法、貸金業法、出資法があります。貸金業法は、業者の登録や取立規制などの法律で、出資法は、高金利に対する刑罰法です。出資法の規制を超える貸し付けは、犯罪となり、懲役や罰金が課せられます。新聞やTVなどでは、やみ金業者（暴力団など）が出資法違反で逮捕されたという記事があると思います。

　利息制限法では、10万円の元本の1年後の利息は、10 × 0.18 = 1.8つまり、1万8000円までです。2年目も同額ですから、1万8000円× 2倍となり、3万6000円となります。

さらに，重利や仕組金融などを考えるとやや複雑になりますが，単利でも，大体の計算はできますから，お金の貸借のおりには，過剰な支払になっているかどうか，概算で自分で計算してみてください。

(3) 現在は，いわゆる超低金利の時代ですから，銀行預金の利率は，定期でも，0.01％などの水準になっています。利息制限法の制限利率が，時代にそぐわない高金利になっているという問題もありますが，違法な金利は，それをも上回るものです。

資料3　難語，難字

(1)　難語
大審院の判例を読む場合に，やっかいなのは，古い漢字の読み方です。とくに民事判決録には，たくさん出てきます。いくつかあげてみましょう。

たくさんあるので，名詞と動詞は省いて，形容詞，副詞を中心にしてあります。また，漢文の教科書にあるような普通のものも省いてあります。送り仮名には変形もありますから，もっと短い書き方のある場合もあります。

2004年の民法の口語化の前には，法文にもとくに，相隣関係には，古い漢字がたくさんありました。いずれは，かし（瑕疵），けんけつ（欠缺，民101），きんちさん（禁治産），せめ（責），ないし（乃至），ならびに（並びに，竝びに），げんぶつ（元物），りゅうぼく（立木）なども，わからない人が多くなるように思います。

旧民法にもかなりあり，「廃罷訴権」などは，判例を通じて現在も出てくる単語があります（詐害行為取消権424条以下，旧民法財産編341条，342条。大判明治44・3・24民録17輯117頁，著名な連合部判決）。

動詞は，読むときよりも書くときの方が問題で，同じ「よる」でも，

資料3　難語，難字

「因る」は因果関係をいい，「依る」は準拠や手段を意味します。「拠る」はもっと物理的な立ち位置です。「由る」は経由するの意味で，民210条（囲繞地通行権）にありました。「寄る」は近寄る意味で，「縒る」「撚る」は糸をよったり，ねじること，「疲る」は疲れる（よれよれ），「選る」は選ぶです。これらの使い分けは，ワープロで選択するときにも悩むところです。辞書をみれば，もっとたくさんあります。

　なお，709条には2つ「よって」がありますが（旧規定では「因リテ」），前の方は，行為と侵害の因果関係（責任設定）をさし，後の方は，賠償される損害範囲の因果関係（責任範囲）をさしています。

　　あんずるに（按ずるに），いう（謂う，民85，云う），いえども（雖も），いかが（如何），いかん，いかなる（如何，民681），いささか（些か，聊か），いずれ（何れ，孰れ），いやしくも（苟も），いよいよ（愈々，彌々），いわゆる（所謂），いわんや（況んや），おそれ（虞），おもうに（惟ふに），おもむろに（徐に），おもんぱかり（慮り）

　　か（个，一箇月，一个月），かかる（繋る，民訴234），かかわらず（拘ス），かくのごとき（如此），かつて（嘗て，曾て），かねて（予て），かんがふる（慮ふる），かんがみる（鑒みる，鑑みる），きっと（屹度，屹と），くれぐれも（呉々も），こいねがわくは（幾くは），ごうも（毫も，耄も），ここに（茲に，爰に），ことごとく（悉く，尽く，盡く），ことさらに（故に，〔ゆえに，ではありません〕），こは（這は），こもごも（交々），これにはんして（反之，〔返り点をつけて読みます〕）

　　さきに（曩に），さすが（流石），さて（偖，扨，扠て），さながら（宛ら），さも，しかも（然も），しかく（爾く〔そのように〕），しかしながら（乍併），しかのみならず（加之），しかも（而も，然かも），しきりに（頻に），しこうして（而して），しかも（而も），しづかに（徐に），しばしば（屢々），しばらく（姑く，暫く），しょせん（所

詮），すこし（少許，尠し，些し），すべからく（須らく），すべて
（総て，民27Ⅲ，總て，凡て），そは（卟は，开は），そもそも（抑），
ただに（啻に），たちまち（忽ち），たとい（縦令，仮令，假令，た
とえとも読みます），たまたま（偶々），だんだん（漸々），たやすく
（輙く），ちっとも（些っとも），ちょうど（丁度，恰度），ちょっと
（一寸，鳥渡），つとに（夙に），つぶさに（具に，備に），つまびら
かに（審らかに，審に），つまり（詰り，畢竟〔ひっきょうと音読も
します〕），とうに（疾うに），とても（迚も），とみに（頓に）

　　なかりせば（微りせば），なかんずく（就中），なんとなれば（何
者），ひいて（延て），ひしひし（犇々），ひたすら（管ら，只管），
ひとえに（偏に），ひとまず（一先す），ほしいままに（擅に），まこ
とに（寔に，洵に），みだりに（濫りに，叨に），やがて（軈て），や
ぶさか（吝か），よしや（縦しや），よって（仍て），よろしく（宜
く），わざわざ（態々）

大審院判例集も，声を出して読んでみると，日本語なので，だんだん
わかるようになります。ただし，1度や2度では不足です。

⑵　合字

ほかに，合字というものがあります。文語かたかな書きの時代に，か
たかなの2字を1字で表すために用いられたものです。スペースの省略
だったのでしょう（ラテン文字にも œ, æ などがあります）。日本で独自
にできた文字で，かたかなであって，漢字ではないので，漢和辞典にも
ないものです。

コト（ヿ），トモ（𪜈），トキ（𪜉），モノ（𪜋）などがあり，明治時代
の新聞などによく出てきますが，明治10・9・11太政官布告66号・旧利
息制限法の4条に「𪜈」，5条に「ヿ」「𪜉」「𪜈」がみられます。裁判例
のほかはあまり出てきませんが，ソハ「开」もあります。

資料3 難語，難字

(3) 業界用語

いごん（遺言），けいばい（競売）のような日常用語とは異なる読み方をする業界用語もありますが，これについては，立ち入りません。「競」の読みには，日常用語でも，けい（競馬，競輪）と，きょう（競艇，競争）があります。

(4) 誤字

試験の際に多い誤字にもふれておきます。正しい字が，かっこに入っていますから，指で隠して，どこが変だか考えながら読んでみてください。

心理留保（心裡留保），意志表示（意思表示），信義足（信義則），当時者（当事者），物件法定主義（物権法定主義），当記（登記），登記薄（登記簿），低当権（抵当権），連体債務（連帯債務），返環請求（返還請求），粉争（紛争），防害排除（妨害排除），地益権（地役権），中古者（中古車）

国家試験でもみることがあります。保障，補償，保証などは，単純な誤りというよりは，それぞれ意味によって使い分ける意識が必要です。会社更正（会社更生），更生登記（更正登記）などは，意味を考えればおかしいことに気がつくでしょう。会社は生かすことが，登記は正すことが必要です。

ほかに，きょうはく（強迫＝民96条，脅迫＝刑222条）の区別もあります。

レジメや卒論では，ワープロの変換ミスというのがありますが，これはきりがありません。

〈著者紹介〉

小野 秀誠 （おの・しゅうせい）

　1954年　東京に生まれる
　1976年　一橋大学法学部卒業
　現　在　獨協大学法学部教授，一橋大学名誉教授

〈主要著作〉

　債権総論（信山社，2013年）
　法学上の発見と民法（信山社，2016年）
　民法の体系と変動（信山社，2012年）
　土地法の研究（信山社，2003年）
　大学と法曹養成制度（信山社，2001年）
　利息制限法と公序良俗（信山社，1999年）

法律学習入門―プレゼンテーション対応型―

2019年（平成31年）1月15日　初版第1刷発行

著　者	小　野　秀　誠	
発行者	今　井　　　貴	
	渡　辺　左　近	
発行所	信山社出版株式会社	

〒113-0033　東京都文京区本郷6-2-9-102
　　　　　　電　話　03（3818）1019
　　　　　　ＦＡＸ　03（3818）0344

Printed in Japan　　印刷・製本／亜細亜印刷・渋谷文泉閣

Ⓒ小野秀誠，2019
ISBN4-7972-2785-7 C3332

——信山社の入門書　ブリッジブックシリーズ——

法学六法　エントリー六法　池田真朗・小山剛ほか編　本体 1,000 円

ブリッジブック法学入門〔第2版〕　南野森編　　本体 2,300 円

ブリッジブック憲法　横田耕一・高見勝利編　　　本体 2,000 円

ブリッジブック裁判法〔第2版〕　小島武司編　　本体 2,800 円

ブリッジブック法システム入門〔第4版〕　宮澤節生ほか著

本体 2,700 円

ブリッジブック法哲学〔第2版〕　長谷川晃・角田猛之編

本体 2,300 円

ブリッジブック行政法〔第3版〕　宇賀克也編　　本体 2,500 円

ブリッジブック刑事裁判法　椎橋隆幸編　　　　　本体 2,000 円

ブリッジブック刑法の考え方〔第3版〕　高橋則夫編

本体 2,200 円

ブリッジブック民事訴訟法入門　山本和彦著　　本体 2,600 円

ブリッジブック国際法〔第3版〕　植木俊哉編　　本体 2,500 円